# O EFEITO SOMBRA

## COMO ILUMINAR O PODER ESCONDIDO NA SUA VERDADE

**DEEPAK CHOPRA**
**DEBBIE FORD**
**MARIANNE WILLIAMSON**

Tradução:
Érico Assis

Rio de Janeiro, 2022

Copyright © 2010 por Deepak Chopra, Rita Chopra Family Trust, Debbie Ford e Marianne Williamson.

Copyright da tradução © 2022 por Casa dos Livros Editora LTDA

Título original: *The Shadow Effect*

Todos os direitos desta publicação são reservados à Casa dos Livros Editora LTDA.

Nenhuma parte desta obra pode ser apropriada e estocada em sistema de banco de dados ou processo similar, em qualquer forma ou meio, seja eletrônico, de fotocópia, gravação etc., sem a permissão do detentor do copyright.

Diretora editorial: *Raquel Cozer*
Gerente editorial: *Alice Mello*
Editor: *Victor Almeida*
Assistência editorial: *Anna Clara Gonçalves e Camila Carneiro*
Copidesque: *Gregory Neres*
Revisão: *Anna Beatriz Seilhe e André Sequeira*
Capa: *Tereza Bettinardi e Gabriela Gennari*
Diagramação: *Abreu's System*

---

Dados Internacionais de Catalogação na Publicação (CIP)
(Câmara Brasileira do Livro, SP, Brasil)

Chopra, Deepak
     O efeito sombra : como iluminar o poder escondido na sua verda-
de / Deepak Chopra, Debbie Ford, Marianne Williamson ; tradução
de Érico Assis. – Rio de Janeiro : HarperCollins Brasil, 2022.

     Título original: The shadow effect
     ISBN 978-65-5511-261-0

     1. Inconsciente 2. Psicologia I. Ford, Debbie. II. Williamson,
Marianne. III. Título.

21-90908                                                        CDD-154.2

Índices para catálogo sistemático:

1. Inconsciente : Psicologia 154.2

Cibele Maria Dias – Bibliotecária – CRB-8/9427

---

Os pontos de vista desta obra são de responsabilidade de seu autor, não refletindo necessariamente a posição da HarperCollins Brasil, da HarperCollins Publishers ou de sua equipe editorial.

HarperCollins Brasil é uma marca licenciada à Casa dos Livros Editora LTDA.
Todos os direitos reservados à Casa dos Livros Editora LTDA.
Rua da Quitanda, 86, sala 218 – Centro
Rio de Janeiro, RJ – CEP 20091-005
Tel.: (21) 3175-1030
www.harpercollins.com.br

# Sumário

*Introdução*
7

## SEÇÃO 1
*A sombra*
DEEPAK CHOPRA
15

## SEÇÃO II
*Fazendo as pazes conosco, com os outros e com o mundo*
DEBBIE FORD
97

## SEÇÃO III
*Só a luz pode afugentar as trevas*
MARIANNE WILLIAMSON
163

*O teste do efeito sombra*
200

# Introdução

O conflito entre quem somos e quem queremos ser está no cerne da luta humana. A dualidade, aliás, é central à experiência vivida pelo ser humano. Vida e morte, bem e mal, esperança e resignação coexistem em cada pessoa e exercem seu poder sobre cada aspecto da nossa vida. Se sabemos o que é coragem, é porque já sentimos medo; se vemos honestidade, é porque já nos deparamos com a falsidade. Mesmo assim, muitos ainda negam ou ignoram nossa natureza dual.

Caso fosse verdadeira a ideia de que somos apenas de um modo ou de outro, confinados a um limitado espectro de qualidades, então por que não haveria, entre nós, mais indivíduos satisfeitos com suas vidas? Como é possível termos tanto acesso ao conhecimento, mas não força ou coragem para agir conforme nossas boas intenções e tomar decisões de impacto? Mais importante que isso: por que continuamos a agir contra nossos valores e tudo o que defendemos? Neste livro, afirmamos que isso se deve à nossa vida inexplorada, ao nosso *self* escuro, o *self* da sombra, em que nosso poder despercebido se oculta. É nesse local tão improvável que encontraremos a chave para desatar nossa força, nossa felicidade e a capacidade de transformar nossos sonhos em realidade.

Fomos condicionados a temer tanto o lado sombrio da vida como o nosso lado obscuro. Quando nos percebemos com ideias sombrias ou com um comportamento que achamos inaceitável, fugimos como um avestruz que enfia a cabeça num buraco. Aí torcemos, imploramos para que aquilo suma da nossa cabeça e de nossa atitude antes de voltarmos a nos aventurar. Por que agimos assim? Porque tememos que, apesar de todo o nosso esforço, nunca conseguiremos fugir de algo que é inerente a nós. E, embora ignorar ou reprimir nosso lado sombrio seja a norma, a verdade é que correr da sombra só a deixa mais forte. Negá-la só leva a mais dor, sofrimento, arrependimento e resignação. Se não assumirmos a responsabilidade e extrairmos o conhecimento que está oculto sob nosso consciente, a sombra há de tomar conta e, em vez de a controlarmos, é ela que nos dominará. É isso que desencadeia o efeito sombra. É aí que nosso lado obscuro começa a decidir por nós, privando-nos do direito de tomar decisões conscientes — seja quanto à comida que vamos consumir, quanto ao dinheiro que vamos gastar, quanto ao vício ao qual sucumbiremos. Nossa sombra nos incita a agir de maneiras que não imaginamos possíveis e a desperdiçar nossa energia vital em hábitos ruins e comportamentos repetitivos. Nossa sombra nos afasta da nossa autoexpressão, de impor nossas verdades, de viver uma vida autêntica. Só nos libertamos dos comportamentos que podem nos derrubar quando abraçamos nossa dualidade. Se não reconhecermos tudo que somos, é certo que o efeito sombra vai nos pegar desprevenidos.

O efeito sombra está em tudo. É possível encontrar provas de sua existência em cada aspecto de nossas vidas. Lemos sobre ele na internet. Assistimos a ele no noticiário e o vemos nos nossos amigos, na nossa família, em estranhos que passam por nós na rua. Talvez o mais significativo seja o reconhecermos na nossa mente, percebendo-o no nosso comportamento e o sentindo na interação com os outros. Temos receio de que, ao lançar luz nestas trevas, sentiremos mais vergonha ou, ainda pior, daremos vazão ao nosso maior pesadelo. Temos medo do que vamos encontrar ao olharmos para dentro de nós mesmos. Por isso, enterramos a cabeça no chão e nos recusamos a encarar nosso lado sombrio.

Mas este livro revela uma verdade inaudita e que parte de três perspectivas transformadoras: o que vai acontecer é o oposto do que tememos. Em vez de vergonha, sentimos compaixão. Em vez de constrangimento, ganhamos coragem. Em vez de limitações, sentimos a liberdade. Se trancafiada, a sombra é uma caixa de Pandora cheia de segredos e nosso medo é que ela destrua tudo que amamos e que valorizamos. Se abrirmos a caixa, porém, descobriremos que o que há lá dentro tem poder para alterar nossas vidas de modo radical e *positivo*. Será possível abandonar a ilusão de que seremos consumidos pelas nossas trevas e passaremos a ver o mundo sob nova luz. A compaixão que descobrirmos por nós mesmos vai disparar nossa confiança e coragem conforme abrirmos nossos corações em direção aos que estão à nossa volta. O poder que desenterrarmos nos ajudará a combater o medo que nos trava e incitar um poderoso deslocamento rumo a nosso pleno potencial. Ao aceitar a sombra, podemos ser completos, reais, reaver nossa potência, desencadear nossa paixão e realizar nossos sonhos.

Este livro nasceu do desejo de iluminar os muitos dons da sombra, dons que podem mudar vidas. Nas páginas a seguir, cada autor vai tratar do assunto a partir da sua perspectiva singular, como mentores. Nossa intenção é proporcionar um entendimento abrangente e multifacetado de como a sombra nasceu dentro de nós, como age nas nossas vidas e, o mais importante, o que podemos fazer para descobrir os dons que são da sua verdadeira natureza. Prometemos que, após ler este livro, você nunca vai pensar no seu *self* sombrio do mesmo jeito.

Na Seção I, Deepak Chopra dá uma visão panorâmica e abrangente da nossa natureza dual e propõe uma prescrição para nos de-

devolver à integralidade. Pioneiro da relação mente-corpo, Chopra transformou milhões de vidas com seus ensinamentos. Sua abordagem holística da natureza desagregadora da sombra é tanto fundamental quanto reveladora.

Na Seção II, eu me baseio em quase quinze anos de ensinamento e condução do Processo da Sombra ao redor do mundo para propor uma investigação acessível, mas ainda assim aprofundada, do seu nascimento, do papel que ela tem no nosso cotidiano e como podemos retomar o poder e o reluzir da nossa autenticidade.

Na Seção III, Marianne Williamson toca nossas mentes e nossos corações com uma análise instigante do vínculo entre a sombra e a alma. Mentora espiritual de renome mundial, Marianne pega nossa mão e nos guia pelo campo de batalha entre o amor e o medo.

Cada um de nós vem de anos de experiência e de sincera esperança de que possamos lançar luz à sombra. Pois, se não pudermos nos contrapor à força dela e integrá-la à nossa sabedoria, ela tem o potencial para continuar prejudicando nossas vidas e nosso mundo. Quando não conseguimos admitir nossos pontos fracos nem reconhecer nosso comportamento impróprio, é inevitável que venhamos a nos sabotar quando estivermos às portas de um avanço pessoal ou profissional. É aí que a sombra vence. Quando damos vazão à raiva desproporcionada no trato com nossos filhos, a sombra venceu. Quando enganamos nossos entes queridos, a sombra venceu. Quando nos recusamos a aceitar nossa verdade, a sombra venceu. Se não trouxermos a luz de nosso *self* mais altivo às trevas da nossa impulsividade humana, a sombra venceu. Enquanto não aceitarmos como somos por inteiro, o efeito sombra terá poder para brecar nossa felicidade. Se não for reconhecida, a sombra não vai deixar que sejamos completos, impedindo-nos de alcançar nossas metas, vivendo a vida pela metade. Ao escrever este livro, esperamos trazer luz à sombra. Nunca houve melhor momento para criar um léxico, para iluminar a sombra, para finalmente entender o que é tão difícil de se ver e de explicar.

O trabalho com a sombra, tal como descrito neste livro, é mais do que um processo psicológico ou um gracejo intelectual. É uma solução prescritiva para problemas que não tiveram solução. É uma jornada transformadora que vai além de qualquer teoria psicológica, pois trata o lado sombrio como uma questão humana, como um tema do espírito que todos nós podemos solucionar em vida se quisermos viver de forma plena. Entenderemos por que não somos melhores nem piores do que outros, independentemente de nossa cor, nossa formação, nossa orientação sexual, nossa configuração genética ou nosso passado. Não existe pessoa no mundo que não tenha uma sombra e, quando esta é levada a sério e entendida, ela pode originar uma nova realidade que vai mudar como nos sentimos a respeito de nós mesmos, como criamos nossos filhos, como tratamos nossos parceiros, como interagimos com nossa comunidade e como lidamos com outras nações.

Acredito que a sombra é um dos maiores dons que temos. Carl Jung a chama de *sparring*, aquele colega com quem você treina boxe; é o oponente dentro de nós que expõe nossas falhas e afina nossa habilidade. É o professor, o treinador, o guia que nos apoia a desvendar nossa autêntica grandiosidade. A sombra não é um problema que deve ser resolvido ou um inimigo a ser conquistado, mas solo fértil a ser cultivado. Quando enfiarmos as mãos neste solo fértil, vamos descobrir as sementes das pessoas que queremos ser. É nossa sincera esperança que você embarque nesta jornada, pois sabemos o que está à espera do lado de dentro.

*Debbie Ford*

# SEÇÃO

I

# A sombra

## DEEPAK CHOPRA

Assim que ouve falar da sombra, o lado obscuro da natureza humana, praticamente nenhuma pessoa nega que ela exista. Toda vida já foi tocada pela raiva ou pelo medo. Semana a semana, o noticiário expõe sem alento o que a natureza humana tem de pior. Se formos sinceros, os impulsos sombrios ficam à solta para rondar nossas mentes a seu bel-prazer, e o preço que pagamos para ser uma boa pessoa — aquilo a que todos aspiramos — é que a pessoa ruim — que pode estragar tudo — fique debaixo dos panos.

É como se ter um lado sombrio requeresse uma espécie de intervenção, quem sabe uma terapia ou um comprimido, talvez uma visita ao confessionário ou um confronto com a alma na noite escura. Assim que a pessoa reconhece que a tem, quer se livrar. Há muitos aspectos da vida nos quais uma postura do tipo "eu dou conta" e "vamos resolver" funciona. A sombra, infelizmente, não é uma destas. É misterioso o motivo pelo qual não se lida com ela há milhares de anos — todo o período em que seres humanos têm consciência de que ela existe. Faz todo sentido desvelar o mistério antes de perguntar como se lida com ele. Portanto, dividi a Seção I em três partes, nas quais recorro ao impulso de médico para encontrar um diagnóstico, oferecer uma cura e então dizer com toda honestidade o prognóstico do paciente. São elas:

A Névoa da Ilusão
A Saída
Uma Nova Realidade, um Novo Poder

A primeira parte (o diagnóstico) descreve como a sombra veio a ser. Discordo de alguns que creem que ela é uma força cósmica ou maldição universal, e não uma criação humana. A segunda parte (a cura) trata de como podemos reduzir o poder oculto que a sombra exerce sobre nós no cotidiano. A terceira parte (prognóstico) descortina o futuro no qual a sombra foi desmantelada, não apenas para certos indivíduos, mas para todos nós. Criamos juntos a sombra que hoje nos assombra. Apesar de nosso medo e nossa relutância em encarar esta verdade, ela é a chave para a transformação. Se eu e você não fôssemos parte do problema, não teríamos a esperança de fazer parte da solução.

## A NÉVOA DA ILUSÃO

Se você não consegue enxergar a própria sombra, precisa encontrá-la. A sombra se esconde nos becos escuros, nas passagens secretas e nos sótãos fantasmagóricos da sua consciência por causa da vergonha. Ter uma sombra não é ter defeitos, mas ser completo. É difícil lidar com esta verdade. (Você já tentou ser sincero e contar uma verdade a respeito de outra pessoa, que retrucou dizendo "Não vem com esse papo de terapia", ou algo do tipo? O reino do inconsciente é tão perigoso quanto as profundezas do oceano; ambos são escuros e repletos de monstros que não se veem.) Todos vivemos nos destroços dos ideais fracassados que já pareceram soluções perfeitas. Cada solução se encaixa em um retrato que representa o lado sombrio.

Se você acha que medo, raiva, ansiedade e violência são resultado de possessão demoníaca, a solução é purificar a pessoa aflita. É possível expulsar demônios com rituais, limpeza do corpo, jejum ou austeridades tortuosas. Não é uma ideia primitiva. Milhões de pessoas modernas se apegam a estas práticas na contemporaneidade. Você não passa por uma banca de revistas sem ver uma capa que lhe promete ser a nova pessoa que você será por meio de algum tipo de purificação, seja uma dieta que vai superar sua vontade de comer porcarias ou uma lista para encontrar o cônjuge certo ou evitando as pessoas erradas. "Entrar na linha" é a versão moderna de se purificar dos demônios.

Semelhante a esta explicação, temos a ideia de que o mal cósmico está à solta pelo mundo. Se este é seu jeito de explicar a sombra, a solução natural é a religião. A religião o alinha ao bem cósmico na batalha contra o mal cósmico. No caso de milhões de pessoas, esta guerra é real. Ela se estende a cada aspecto das nossas vidas, da tentação sexual ao aborto, da ascensão do ateísmo ímpio ao declínio do patriotismo. O Diabo é quem cria toda variedade de sofrimento e de transgressão humanas. Somente Deus (ou os deuses) tem o poder para derrotar Satã e nos redimir do pecado. Mas é difícil decidir se a religião derrota ou fortalece a alma, ao despertar fortes sensações de pecado e de culpa, de vergonha e de medo quanto às torturas de um além infernal.

Já que nos orgulhamos de viver numa era em que a superstição não domina mais nossas vidas, estes modos de explicar o lado sombrio, consagrados pelo tempo, não são mais a única opção. É possível dar as costas ao mal cósmico e assumir a responsabilidade. O lado sombrio foi atualizado e virou doença, um ramo da saúde mental. Seguindo esta trilha há uma grande variedade de tratamentos. Despacha-se os viciados para programas de recuperação.

Os ansiosos e os deprimidos, para os psiquiatras. Os irritados e os descontrolados vão para cursos de autocontrole, depois que detonaram o carro na estrada por perderem as estribeiras.

Dadas essas explicações — uma vez que cada uma leva a uma solução —, por que a sombra continua imbatível?

Pode soar como um prognóstico triste, mas, na verdade, o primeiro passo para lidar com a sombra é reconhecer seu poder. Esta porção autodestrutiva faz parte da natureza humana. Ao postular o arquétipo da sombra, o psicólogo suíço Carl Jung disse que ela cria uma névoa de ilusão que cerca o *self*. Encurralados nessa névoa, escapamos de nossas trevas e, assim, damos cada vez mais poder à nossa sombra. Sabe-se muito bem que, a partir daí, a abordagem junguiana dos arquétipos fica altamente intelectualizada e complexa. Mas o poder teimoso da sombra não tem nada de complexo. Enquanto fiz uma pausa na escrita deste parágrafo, dei uma olhada na TV. O famoso bilionário Warren Buffett estava sendo entrevistado a respeito dos altos e baixos nos ciclos da economia.

"O senhor acha que haverá outra bolha que levará a uma grande recessão?", perguntou a entrevistadora.

"Garanto que sim", respondeu Buffett.

A entrevistadora balançou a cabeça em forma de negação. "Por que não aprendemos com a última recessão? Veja só onde a ganância nos levou."

Buffett deu um sorriso suave, mas misterioso. "A ganância nos diverte por um tempo. Não há como resistir a ela. Por mais longe que os seres humanos tenham chegado, não crescemos no nosso emocional. Ainda somos os mesmos."

Assim, dessa forma simples e resumida, temos a sombra e o problema que ela representa. Na névoa da ilusão, não vemos que nossos piores impulsos são de autodestruição. São impulsos irresistíveis, até divertidos. Daí a enorme popularidade das histórias de vingança no entretenimento, seja no teatro de Shakespeare, seja no faroeste cinematográfico. O que seria melhor que desatar toda nossa raiva oculta, demolir o inimigo e sair de cabeça erguida? A sombra exerce seu poder quando faz as trevas parecerem luz.

As sabedorias tradicionais do mundo dedicaram boa parte de seu pensamento e de sua energia para encarar os dilemas, que vêm desde os primórdios. A criação tem um lado sombrio. A destruição é inerente à natureza. A morte interrompe a vida. A decadência suga a vitalidade. O mal é atraente. Não é à toa que a névoa da ilusão acaba parecendo um bom lugar para se estar. Se você encara a realidade de frente, lidar com o lado sombrio é assoberbante. Mas existe uma força contrária que, de maneira constante e exitosa, supera o lado sombrio. Os destroços das soluções que deram errado não nos deixam ver. A névoa da ilusão nos isola dessa força. Nunca aconteceria de você supor, assistindo aos desastres e horrores do noticiário, que seres humanos teriam poder para encontrar a paz, o enaltecimento e a libertação das trevas.

O segredo está na palavra "consciência". Ao dizer esta palavra, vê-se a decepção no rosto da pessoa. Consciência é uma coisa batida. Falamos em conscientização desde o surgimento do feminismo, assim como de outras variedades de libertação. A elevação da consciência se apresenta como a promessa de incontáveis movimentos espiritualistas. Você, inclusive, fica tentado a jogar a consciência na pilha de ideais que não deram certo, pois, diante das tentativas sinceras de nos conscientizar, a sombra assola o mundo com guerras, criminalidade e violência, assim como aterroriza cada vida com dor e medo.

Chegamos a uma encruzilhada. Ou a consciência tem que ficar com outras respostas falsas ou não se tentou utilizá-la do jeito certo. Gostaria de sugerir que a última opção é a certa. A elevação da consciência é a resposta — a única resposta duradoura — ao lado obscuro da natureza humana. O problema aqui não é com a resposta — é com a aplicação. Há infinitos caminhos para curar a alma, assim como há infinitos tratamentos alternativos para o câncer. Mas ninguém tem tempo e energia para experimentar todos. É vital escolher um caminho que leve aonde você quer ir. Para que isso aconteça, exige-se uma análise muito mais profunda da sombra. Se você lidar com as trevas de maneira superficial, elas vão persistir, porque a sombra não é um mero inimigo como uma doença, um demônio ou um espírito maligno cósmico. É um aspecto da realidade tão básico para a criação que apenas com seu entendimento total pode-se confrontá-la com êxito.

## Uma realidade que é fato

O primeiro passo para derrotar a sombra é se livrar de quaisquer concepções de que você vai derrotá-la. O lado sombrio da natureza humana viceja na guerra, no conflito, na luta. Assim que fala em "vencer", você já perdeu — já foi tragado pela dualidade do bem e do mal. Quando isso acontece, nada pode dar cabo da dualidade. O bem não tem poder para derrotar seu oposto de modo definitivo. Sei que é difícil aceitar essa ideia. Em cada uma das nossas vidas há ações anteriores das quais temos vergonha e impulsos contra os quais lutamos. Ao nosso redor veem-se atos de violência indizível. A guerra e a criminalidade devastam sociedades. As pessoas imploram a um poder superior para que restaure a luz onde prevalecem as trevas.

Faz muito tempo que os realistas desistiram de pensar que o lado bom da natureza humana pode superar o lado ruim. A vida de Sigmund Freud, um dos pensadores mais realistas a defrontar a *psique*, chegou ao fim enquanto a fúria do nazismo devorava a Europa. Ele havia concluído que a civilização só existia a custo trágico. Temos que reprimir nossos instintos selvagens e atávicos, mantê-los sob controle e, apesar de todos nossos maiores esforços, haverá derrotas. O mundo irrompe em violência coletiva; os indivíduos irrompem em violência pessoal. Essa análise sugere uma resignação temível. O "eu bom" não tem chance de viver uma vida pacífica, bondosa e ordenada se o "eu ruim" não for enfurnado nas trevas e trancafiado em confinamento solitário.

Os realistas aceitam que a repressão em si é um mal. Se você tenta sufocar a raiva, o medo, a insegurança, o ciúme e a sexualidade, a sombra ganha ainda mais energia para uso próprio. E esse uso é implacável. Quando o lado sombrio se volta contra você, a devastação impera.

Uma semana antes de escrever este texto, recebi a ligação de uma mulher que estava desesperada para encontrar um lugar onde tivesse teto e segurança. Seu marido era violento e sofria de alcoolismo crônico. Eles lidavam com o problema havia anos. Depois de períodos sóbrio, ele sofria recaídas e embarcava em longas bebedeiras que desestabilizavam tanto o trabalho quanto a família. Quando passava, ele estava exaurido e envergonhado. Na última vez, ele passou uma semana sem dar sinal de vida e, quando voltou, todo seu remorso e sua contrição caíram em ouvidos insensíveis. A esposa queria sair de casa. A reação do marido foi a violência. Ele bateu nela, atitude que ela mencionou nunca ter acontecido. Agora, além da frustração e das lágrimas, ela temia pela própria segurança.

No curto prazo, tudo que pode se fazer é dar as melhores sugestões de abrigos e grupos de apoio femininos. Mas, quando desliguei o telefone, sentindo ressoar em mim as emoções devastadas daquela mulher, pensei no longo prazo. As recaídas dos viciados se tornaram algo normal na paisagem do nosso ambiente psicológico. Mas o que elas representam? Acho que são o exemplo extremado de uma situação comum: o *self* dividido. Para viciados, a separação entre o "eu bom" e o "eu ruim" não tem solução. Normalmente, as táticas para lidar com o lado sombrio da pessoa surgem com facilidade. Não é difícil negar o que fizemos de errado, esquecer nossos impulsos perversos, pedir desculpas por uma irritação ou demonstrar arrependimento por um equívoco. Mas os viciados não aceitam prescrições tão simples. Seus impulsos sombrios já os assolam sem as restrições normais. Nega-se até o acesso a um simples prazer. Os demônios internos minam e corrompem o prazer, zombam da felicidade e repetidamente lembram ao viciado o seu ponto fraco e o que tem de ruim.

Digamos que essa descrição está quase correta. Deixei de fora ingredientes importantes. O hábito tem forte parcela no vício. Assim como as alterações físicas no cérebro — quem abusa de drogas ataca os receptores neurais com substâncias químicas alheias que, com o tempo, acabam com as reações usuais de prazer e dor. Mas esses aspectos físicos do vício foram exagerados de modo brutal. Se o vício fosse primariamente físico, não haveria milhões de pessoas usando álcool e drogas. Mas elas usam, com dano relativamente pequeno no longo prazo e mínima chance de vício. Sem adentrar a conturbada controvérsia quanto ao vício e suas causas, podemos dar um passo para trás e enxergar isso não como um problema isolado, mas como outra expressão da sombra.

Assim, para tratar vícios, temos que abordar a sombra e desarmá-la. Já que todos nós queremos exatamente isso, permita-me voltar ao episódio do marido alcoolista que retorna após uma semana bebendo. Ele fará outras expressões da sombra, como o temperamento violento, o preconceito racial, o chauvinismo sexual e muito mais. À primeira vista, parece não haver relação entre estas coisas. O chefe que comete assédio sexual não demonstra o mesmo comportamento descontrolado do homofóbico que comete um crime de ódio. Mas a sombra é um vínculo entre os dois. Quando qualquer aspecto do *self* se parte e é tratado como ruim, ilícito, vergonhoso, culpado ou errado, a sombra adquire poder. Não interessa se o lado sombrio da natureza humana se expressa com violência extrema ou de maneira suave, tolerável pela sociedade. O fato essencial é que uma porção do *self* se desprendeu.

Quando isso acontece, o fragmento que é "ruim" perde contato com o cerne do *self*, a porção que consideramos "boa", porque não aparenta violência, raiva nem medo. Este é o *self* adulto, o ego que se adaptou bem ao mundo e aos outros. É claro que o marido alcoolista tem um *self* bom. Ele poderia até ter um *self* mais gentil e mais aceitável que o normal. Quanto mais você reprime seu lado sombrio, mais fácil é construir uma *persona* que brilha de bondade e luz. (Daí a surpresa que sempre se repete depois de matanças ou outros crimes hediondos, quando os vizinhos contam às câmeras que o criminoso "parecia boa pessoa".)

Eu sabia, a partir de conversas com a esposa transtornada, que o marido ia e vinha do tratamento. Às vezes, o tratamento funcionava por algum tempo. Mas, mesmo durante os períodos de sobriedade, o homem se sentia um miserável. Ele ficava em guarda constante para o "macaquinho não subir no seu ombro". Ele temia a próxima recaída, mas, por mais que lutasse, era inevitável. Mesmo durante um período de vitória temporária, bastava à sombra apenas observar e esperar.

Certa vez, quando o marido estava tendo uma crise de *delirium tremens*, seu suor noturno e seus delírios ficaram insuportáveis. A esposa recorreu a um médico, implorando por um medicamento que aliviasse os sintomas. Mas aconteceu de ela encontrar um médico que era um realista obstinado, e ele se recusou a receitar. "Deixe ele chegar ao fundo do poço", disse. "É a única esperança que ele tem. Aliviar a dor não vai ajudá-lo."

Você pode pensar que é uma recomendação insensível. Mas o fenômeno de atingir o fundo do poço é bem conhecido entre círculos de viciados. Pode ser um risco terrível, pois, quando se paga para ver se a sombra está blefando, ela recorre a extremos de autodestruição. Não existe limite prático em relação a quanto sofrimento o inconsciente consegue criar, e somos todos frágeis. Viciados — ou qualquer pessoa nas garras das energias da sombra — estão presos na névoa da ilusão. Dentro dessa névoa não existe nada além da ânsia e do terror de não conseguir mais uma dose.

Quando a arriscada jornada de atingir o fundo do poço funciona, é porque a névoa se dissipou. O viciado começa a ter pensamentos que são realistas: "Sou mais do que o meu vício. Não quero perder tudo. É possível superar o medo. É hora de isto chegar ao fim." Nesses momentos de clareza, o poder da cura vem da clareza em si. A pessoa esmaga e supera o fascínio da autodestruição e percebe que ele é irracional. Com a clareza, o *self* se encontra e se enxerga sem viseiras.

*Você só tem um self. Ele é você. Ele está além do bem e do mal.*

A sombra perde poder quando a consciência deixa de ser dividida. Quando não há mais divisão, não há nada a ser visto fora você, em todas as direções. Não há compartimentos ocultos, nem calabouços, nem celas de tortura, nem rochas cobertas de musgo para se esconder. A consciência se enxerga. Esta é sua função mais básica. Mas, como vamos descobrir, a partir desta simples função pode nascer um novo *self* e, eventualmente, um novo mundo.

## A sombra coletiva

O batismo da sombra não foi a maior realização de Jung; tampouco sua teoria do arquétipo. Sua maior realização foi mostrar que os seres humanos compartilham um só *self*. "Quem sou eu?" depende de "Quem somos nós?". Os seres humanos são as únicas criaturas que podem criar um *self*. Aliás, temos que criar, pois o *self* nos dá um ponto de vista, um foco singular do mundo. Sem um, nossos cérebros seriam bombardeados por um turbilhão de imagens sensoriais que não fariam sentido. As crianças não têm *self* e passam os primeiros três anos criando-o, elaborando suas personalidades e preferências, seus temperamentos e interesses. Toda mãe pode atestar que o tempo que o bebê passa como tábula rasa é mínimo, se é que existe. Adentramos o mundo não como receptores passivos dos dados que os sentidos nos trazem, mas como ávidos criadores. Assim que você se torna um *self* singular, com necessidades, crenças, impulsos, ímpetos, vontades, sonhos e medos, o mundo passa a fazer sentido. "Eu, mim e meu" existe para um propósito só, que é lhe dar uma parcela do mundo.

Todos temos um *self* e não medimos esforços para defender seu direito de existir. Mas nossa formação é frágil. Todos passamos por crises pessoais, tal como um ente querido que morre ou quando descobrimos que estamos doentes. Qualquer crise que ataca nossa sensação de bem-estar também ataca nossa noção de *self*. Se você perde sua casa, ou todo seu dinheiro, ou seu cônjuge, este acontecimento externo provoca abalos de medo e dúvida pelo *self*. A qualquer momento em que sente que seu mundo se despedaça, o que de fato está se despedaçando é o *self* e sua confiança de que ele compreende a realidade. Depois de grandes traumas ao corpo e à mente, leva-se tempo para o ego/a personalidade frágil se recuperar. (Nossa sorte é que aquele velho ditado é verdadeiro: "As almas dobram, mas não quebram.")

Como não sabemos como criamos o *self* a que nos agarramos com tanto ardor, ele pode nos surpreender e nos impressionar. Freud causou furor quando disse que o *self* tem uma dimensão oculta recheada de vontades e desejos que mal reconhecemos. Depois de se tornar o discípulo mais proeminente de Freud, Jung percebeu que seu mentor havia cometido um engano. O inconsciente não tem a ver comigo. Tem a ver conosco. Quando a pessoa tem impulsos e ímpetos inconscientes, estes provêm de toda a história humana. Cada um de nós, conforme Jung, está conectado ao que ele chamava de "inconsciente coletivo". A ideia de que você e eu criamos nossos *self* isolados, à parte, é ilusão. Nós acessamos o grande reservatório de todas as aspirações, de todos os ímpetos e mitos humanos. Nesse inconsciente compartilhado também vive a sombra.

Algumas pessoas são sociáveis e outras são insociáveis, mas ninguém consegue ficar de fora do *self* coletivo. "Nós" é um lembrete constante de que nenhum homem é uma ilha. Jung tirou a casca da sociedade e expôs a dimensão oculta do "nós". Chamar este reino de inconsciente coletivo fez ele parecer mais técnico, quem sabe, mas o *self* que você e eu compartilhamos com todo mundo é elementar para nossa sobrevivência. Pense nas maneiras como você recorre ao *self* coletivo. Veja algumas:

Quando precisa do apoio da sua família e de amigos íntimos.

Quando se filia a um partido político.

Quando se voluntaria para uma entidade beneficente ou uma comunidade.

Quando decide lutar pelo seu país ou defendê-lo.

Quando se identifica com sua nacionalidade.

Quando pensa em termos de "nós contra eles".

Quando um desastre em um lugar distante lhe afeta intimamente.

Quando o medo coletivo toma conta de seu ser.

É uma fantasia crer que você pode recusar o "nós", mesmo que todos tentemos. Queremos ser vistos como norte-americanos, mas não como o Turista Norte-americano Porco. Temos simpatia por outros grupos étnicos, mas também nos sentimos diferentes, à parte, geralmente superiores. Quando estamos em crise, queremos nossa família o mais próximo possível, mas em outras ocasiões insistimos em ser indivíduos com vida isolada dos outros. A coalizão entre "eu" e "nós" é desconfortável.

Jung a deixou ainda mais desconfortável. Quando se trata da sombra coletiva, as pessoas se empenham em se excluir. (A sociedade nunca vai deixar de tomar rumos que não aprovamos.) Mas isto é mais difícil do que se excluir de um papel na família; aliás, a família é apenas a primeira unidade ou nível do *self* coletivo, o nível que tendemos a ver com mais facilidade. Nas festas de fim de ano, você pode anunciar que mudou, que não devia mais ser tratado como criancinha mimada ou adolescente rebelde. Pode acontecer de você achar que não lhe deram ouvidos. Sua família pode ter investido muito para prender você dentro de uma caixinha. A sociedade, contudo, é ainda mais áspera e menos compreensiva.

A sociedade tem ganchos invisíveis acoplados a todos nós. Você pode ser pacifista em tempos de guerra. A opção é individual. Mas isso não extrai você automaticamente da sombra coletiva, em que a guerra nasce da ira, do preconceito, do ressentimento, das queixas antigas, do lado sombrio do nacionalismo. Talvez a expressão "memória racial", que anda desprestigiada, seja viável, mesmo que nos deixe muito pouco à vontade. Ainda assim, milhões de pessoas ficam à vontade para fazer declarações como "a típica resposta de homem" ou "mulheres ao volante". Gênero tornou-se terreno de disputa ferrenha. O inconsciente coletivo o deixou enredado nesse momento. À primeira vista, o Cidadão X pode ser totalmente oposto ao Cidadão Y, mas no nível inconsciente eles estão coligados, como as duas pontas de um cabo de guerra.

A opção de se incluir ou se excluir se torna a questão central da sombra coletiva. Ela origina várias perguntas da vida cotidiana:

Qual é minha obrigação social?

Qual é meu dever patriótico?

Quanto eu deveria me conformar ou resistir à sociedade?

O quanto eu me ligo a outras pessoas?

O que eu devo ao necessitado?

Eu tenho como mudar o mundo?

Ao fazer qualquer uma dessas perguntas, sua mente consciente não tem como dar a resposta plena — nem a resposta mais verdadeira. Em primeiro plano, o inconsciente coletivo está fervilhando de ímpetos, preconceitos, desejos frustrados, medos e memórias que fazem parte de você, porque "nós" é tanto sua identidade quanto "eu".

## Onde está a prova?

Por muito tempo, o conceito de inconsciente coletivo foi uma teoria intrigante sem grandes provas. Ninguém discutia que a natureza humana tem um lado sombrio. Mas a explicação de Jung seria apenas invencionice intelectual ou seria de fato útil? Foi só recentemente que se reuniu uma e outra prova, e estas, no mínimo, aprofundam o mistério. Por exemplo: sabe-se há décadas que, quando uma pessoa fica solitária e isolada, como muito acontece com viúvas em idade avançada, o risco de doenças e morte cresce em comparação a quem tem laços sociais fortes. Um casamento feliz deixa você mais saudável. No início foi difícil aceitar essa descoberta, pois pesquisadores da área médica não viam conexão entre estado mental e corpo. Como que o coração ou a célula pré-cancerígena à solta pelo corpo sabe como a pessoa se sente? Foi com a descoberta das ditas moléculas mensageiras que se viu que o cérebro traduz cada emoção em equivalente químico. Do mesmo modo que moléculas mensageiras percorrem o sangue, circulando entre centenas de bilhões de células, a infelicidade ou a felicidade são transmitidas a coração, fígado, intestinos e rins.

De repente, a medicina fundada no par mente-corpo ganhou uma base "real", pois nada é mais real que os compostos químicos. Mas o que Jung estava propondo era que a infelicidade ou a felicidade podia ser compartilhada entre grupos. Por que a violência em massa eclodiu no Iraque ou em Ruanda? Pode-se buscar explicações em disputas tribais de longo histórico e em cisões sectárias. Elas ficaram armazenadas no inconsciente coletivo ou foram as gerações dos pais que contaram a seus filhos para manter viva a chama das rixas ancestrais? Não adianta nada ficar sacudindo a cabeça e reclamando de bárbaros e incivilizados. Os maiores banhos de sangue da História aconteceram durante as duas guerras mundiais. Milhões de soldados civilizados marcharam de encontro às garras da morte: homens que escreviam poesia, que tocavam piano, que falavam grego e latim. Depois, a Europa olhou para trás e disse que o massacre havia sido insano — mas foi gente eminentemente sã que administrou a guerra e morreu nela. Quando os objetores de consciência protestaram, foram presos ou punidos, e enviados ao *front* como primeiros socorros, uma ironia trágica que matou muitos dos que mais odiavam o conflito e queriam evitá-lo.

O inconsciente tem uma meta: deixar-nos inconscientes de sua existência. Às vezes, porém, o conhecimento consegue dar uma espiada. Em um famoso experimento sociológico de Stanford, psicólogos reproduziram o contexto de uma penitenciária para entender como guardas tratam os presos. Os universitários foram divididos em dois grupos, os presos e os guardas, e orientados a interpretar os papéis como bem entendessem. Os psicólogos encarregados do experimento queriam ver marcas de mudança no comportamento de cada grupo. O experimento, contudo, teve que ser encerrado em poucos dias. Os alunos que faziam o papel de guardas começaram a maltratar seriamente os presos, ao ponto em que surgiram humilhações e abusos com forte carga sexual. Esse fracasso chocante deu luz à teoria das "maçãs boas no cesto podre".

O pensamento de antigamente dizia aos psicólogos que uma maçã podre pode obrigar um grupo a agir mal. O senso comum diz que um líder de quadrilha pode induzir seus seguidores passivos a cometerem crimes; os trotes universitários chegam aos níveis que chegam porque um pequeno grupo central de maçãs podres exerce pressão sobre os demais. Mas o experimento da prisão em Stanford disse o oposto. Todos os participantes eram garotos e garotas de bem que estudavam em uma prestigiada universidade. O comportamento incoerente não aconteceu por serem maçãs podres, mas porque estavam em condições podres que fizeram a força sombria emergir. O que os psicólogos estavam vendo era nada menos que um incubador da sombra, e as condições que deram luz à violência grupal foram catalogadas.

A sombra pode emergir quando há anonimato completo, como costuma acontecer quando, em vez de serem indivíduos, as pessoas se tornam rostos na multidão. A perda da individualidade cresce se não há consequências para as más atitudes. A ausência de lei e ordem amplifica o efeito, assim como acontece quando se tem autorização para um comportamento que vai além da moralidade costumeira. Se autoridades estão incitando um mau comportamento e prometem repreensão zero, a sombra aparece ainda mais fácil. Não temos que deixar o cesto ainda pior somando pobreza, analfabetismo e velhos laços tribais, mas é óbvio que eles maculam ainda mais as condições. Assim como qualquer raciocínio do tipo "nós contra eles".

Quando eu digo que a sombra pode emergir, estou dizendo que qualquer tipo de patologia de massa pode surgir. O experimento da prisão em Stanford ressurgiu para explicar os abusos na prisão de Abu Ghraib durante a guerra do Iraque. Mas se nós percebêssemos que guetos também são exemplos de "cestos ruins" nos quais há "maçãs boas", não passaríamos a pensar na classe marginalizada como algo inferior nem coisa pior. A destruição do ecossistema é uma forma de violência contra o planeta, mas também envolve pessoas de bem que fazem coisas muito ruins porque têm permissão e não há punição (fora o prejuízo em longo prazo ao qual estamos todos sujeitos, que pode ser ignorado, negado ou empurrado com a barriga). Quando as pessoas despertam do comportamento incoerente, elas parecem confusas, desorientadas. A violência que perpetraram parece um sonho, mesmo que elas tenham participado ativamente em horrores como guerra e genocídio. A sombra nos prende, portanto, de duas maneiras. Ela nos deixa inconsciente e depois eclode com potência inacreditável, quando bem entende.

Você pode perguntar: "O que isto tem a ver comigo?" A maioria não participou de eclosões da sombra tal como a que ocorreu em Abu Ghraib. Em vez de sentir empatia pelos soldados que abusaram dos detentos naquela penitenciária, procuramos bodes expiatórios, pois é mais fácil conviver com a explicação das maçãs podres. Mas, quando você faz uma coisa inocente como dirigir seu carro, você está botando oito quilos e meio de dióxido de carbono no ar, um gás que leva ao efeito estufa e degrada o planeta. Como sociedade, poderíamos retificar esse comportamento ruim daqui a alguns anos, assim que dedicarmos nosso raciocínio a tanto. As soluções, de carros mais ecológicos ao transporte coletivo e combustíveis alternativos, já existem. Por que não as exploramos plenamente? Porque seguir na inconsciência é mais fácil.

Os céticos têm o direito de ressaltar que tudo isso ainda não é prova de que há um inconsciente coletivo. Onde está a prova de que membros de uma sociedade têm uma conexão invisível, sem palavras ou pressão social que os vincule? Há um novo campo da sociologia que estuda o "contágio social", um fenômeno misteriosíssimo que pode mudar tudo que pensamos a respeito do comportamento. Todos nós percebemos como funcionam as tendências e os modismos. De uma hora para outra, parece que todo mundo está fazendo algo novo, seja enviar mensagens de celular, fugir do

MySpace para o Twitter, ou jogar um novo videogame. Modismos são comportamentos contagiosos. Você pega de outra pessoa, mas ninguém sabe como um comportamento viraliza. O que faz um grupo inteiro de pessoas agir do mesmo modo?

Isso se torna uma questão crucial para a medicina quando você quer que um grupo deixe de fazer algo nocivo — se quer convencer jovens a não fumar, por exemplo, ou a população em geral a não ficar obesa. O trabalho mais avançado nesse sentido veio de dois pesquisadores de Harvard, Nicholas Christakis e James Fowler, cujo livro *Conectados* teve prévia em um artigo recente da revista dominical do *The New York Times*. Christakis e Fowler analisaram dados do maior estudo de cardiologia do país, que acompanhou três gerações de cidadãos de Framingham, Massachusetts. Eles investigaram o comportamento de mais de cinco mil pessoas que foram mapeadas a partir de 51 mil conexões sociais com familiares, amigos e colegas de trabalho.

A primeira descoberta deles foi de que, quando uma pessoa ganhava peso, começava a fumar ou ficava doente, a probabilidade de familiares e amigos mais próximos terem comportamento idêntico crescia 50%. Isso reforça um princípio das ciências sociais que já perdura por décadas: o comportamento se dá em grupo. Todos nós já passamos por isso via pressão social ou observando traços de comportamentos que existem "em família". Vale também o inverso. Se anda com gente saudável, há mais chances de você adotar um comportamento saudável. Não é só a saúde — quase qualquer comportamento pode ser contagioso. No alojamento estudantil, se você dividir quarto com alguém com bons hábitos de estudo e notas altas, há chances de que suas notas melhorem por associação.

Mas a segunda constatação de Christakis e Fowler foi bem mais misteriosa. Eles descobriram que conexões sociais podem pular um vínculo. Se a pessoa A é obesa e conhece a pessoa B, que não é, um amigo da pessoa B ainda tem 20% a mais de chance de ser obesa e um amigo daquele amigo tem mais 10% de chance. Estes "três graus de conexão" valem para todo tipo de comportamento. Um amigo de um amigo pode deixar você propenso a tabagismo, infelicidade ou solidão. As estatísticas estão aí para provar, mesmo que você nunca tenha visto este amigo do amigo.

As descobertas de Christakis e Fowler sugerem conectores invisíveis que perpassam toda a sociedade. Se a pesquisa deles tiver sustentação, pense nas implicações. A ideia do inconsciente coletivo foi apresentada há quase um século por Jung. Teria Jung chegado aos conectores invisíveis muito antes de surgirem os dados que lhes deram base? Na verdade, esta é uma pergunta secundária, pois a principal é a seguinte: que tipo de conexões podem existir sem que sejam vistas, sem que as pessoas se falem, sem que uma veja o comportamento da outra, ou mesmo que uma saiba da existência da outra?

São questões complexas, e nesse ponto estou apenas mostrando um sinal de como são misteriosas. Mas as novas pesquisas sobre contágio social são animadoras, pois dão suporte à ideia de que existe uma mente que coordena não só como as pessoas seguem modas ou decidem se imitar; não apenas como certos neurônios sabem o que outros neurônios estão fazendo mesmo quando estão à longa distância entre si, mas também no caso de fenômenos dispersos como os de gêmeos que sabem o que está acontecendo com o irmão a milhares de quilômetros. Esses conectores invisíveis trazem o inconsciente coletivo a muitos, muitos aspectos da vida. O contágio social chega ao noticiário porque todos nós gostamos de nos basear em dados. Mas a possibilidade de que todos nós participamos em uma só mente desafia religião, filosofia e o próprio sentido da vida.

A sombra, portanto, é um projeto em comum. Qualquer um pode participar de sua construção. Você só precisa ser capaz de ficar inconsciente. Muitos alarmistas creem que estão fazendo o bem.

Todo defensor de sua pátria espera honra e louvor. Tribos em guerra acreditam piamente que devem lutar para sobreviver. Resistimos à nossa sombra e negamos sua existência por conta de doutrinações passadas e do hipnotismo do condicionamento social. Experiências de infância geram uma infinidade de recordações no sentido de "Isso é bom; isso é ruim; isso é divino; isso é diabólico". É nessa doutrinação que se estrutura qualquer sociedade. O que deixamos de ver é que ao mesmo tempo criamos um *self* compartilhado. Se ensinássemos as crianças a perceber sua sombra, a compartilhar emoções sombrias, a se perdoar por não serem "comportadas" o tempo todo, a aprender a extravasar esses impulsos sombrios por meio de escapes sadios, haveria muito menos prejuízo à sociedade e ao ecossistema.

## Quem criou a sombra

Mesmo que você nunca tenha dado um segundo de atenção a Freud ou Jung, você herdou um *self* diferente por causa deles. Foram eles que nos deixaram pensar a natureza humana como algo além de um profundo mistério. Tal como a ponta de um iceberg, apenas uma fração de quem você é fica à vista do mundo físico. Invisível e muitas vezes ignorada, a alma humana é um espaço de ambiguidade, contradição e paradoxo. Como bem devia ser, pois toda experiência na vida, que é a manifestação da alma, é resultado de contraste. Se não houvesse contraste, você não sentiria nada: luz e sombra; prazer e dor; alto e baixo; ir e vir; quente e frio. Se não tivesse essas separações, não haveria manifestação. A consciência seria um vasto campo plano, como um deserto. Você estaria ciente de tudo, mas, ao mesmo tempo, de nada em particular.

Para haver manifestação, você precisa de energias opostas. É por isso que inimigos explícitos também são aliados implícitos. Por exemplo: Osama bin Laden e George Bush se coinventaram.

À primeira vista, eram inimigos, mas, por trás, eram aliados. É um princípio geral. Você precisa de seus inimigos para ser quem é. Jung teve coragem de ver que cada um de nós precisa de um lado sombrio para ser quem somos. Aliás, o inconsciente coletivo é o modo como a raça humana evoluiu, passando a cada nova descoberta de forma invisível. São, primariamente, descobertas sobre o *self*.

É verdade elementar da antropologia física que, no *Homo sapiens*, uma porção imensa do cérebro, o córtex, dedica-se a funções avançadas. É com o córtex que raciocinamos; ele que deu origem ao amor e à compaixão. A religião nasceu no córtex, assim como nossos conceitos de céu e inferno. Sem o cérebro avançado, nunca teríamos desenvolvido a leitura e a escrita, a matemática e a arte.

Assim, imagine o choque quando se escavaram os restos dos neandertais e descobriu-se não só que aquela espécie tinha um córtex imenso, mas que era um pouco maior que o nosso. Os neandertais rondavam a Europa caçando animais de grande porte há quatrocentos mil anos — o dobro do tempo de existência do *Homo sapiens* — usando um só apetrecho: uma lança pesada com uma pedra atada na ponta. Apesar do imenso córtex, os neandertais nunca descobriram um segundo apetrecho. Eles não pensaram em uma lança mais leve, que pudessem arremessar. Em vez disso, esses ancestrais usavam a pesada para atacar suas presas, tais como os mamutes-lanudos e os enormes leões das cavernas, de perto, enfiando a ponta de pedra no flanco do animal. Por conta disso, quase todo esqueleto do homem neandertal expõe várias fraturas. Os animais de grande porte reagiam. Ainda assim, durante quase meio milhão de anos, o cérebro neandertal não conseguiu entender que ficaria muito mais seguro criando armas leves que pudessem ser arremessadas de longe.

A evolução dos seres humanos dependeu não do cérebro humano, mas da mente que o utilizava. No domínio do inconsciente, o aprendizado estava acontecendo em silêncio e longe da vista.

O *Homo sapiens* conseguiu usar o cérebro para coisas muito mais complexas que qualquer predecessor. Assim que a mente descobriu como fazer armas melhores, a vida ficou mais fácil. A agricultura tomou o lugar da caça e da coleta. Assim que a vida ficou mais complicada, surgiu a língua para as pessoas trocarem ideias.

Em outras palavras, Jung descobriu um lugar secreto onde a ação acontecia. O inconsciente coletivo é a biblioteca da mente, um depósito de toda experiência em que nós, no agora, podemos nos basear. A pergunta "Quem sou eu?" nunca tem resposta certa. O *self* é fluido e está em mutação constante; ele é, ao mesmo tempo, tanto o seu *self* quanto o *self* que você compartilha com todo mundo. Estudos demonstram, por exemplo, que os cérebros de pessoas que dominaram informática e videogames têm novas vias neurais que não se encontram nos cérebros de quem é, como se diz, "analfabeto digital".

Se quisemos encontrar o *self* verdadeiro, temos que imergir no mundo da sombra e em seu fluxo constante. Pode parecer uma jornada perigosa, que deixaria pálido até o mais heroico dos seres. No início do famoso filme *Hamlet* (1948), Laurence Olivier enfatizou estas palavras: "Esta é a história de um homem que não conseguia se decidir." Hamlet tem provas de que o tio matou o pai para tomar a coroa da Dinamarca. Ele tem todos os motivos para se vingar, mas não consegue. A perigosa jornada rumo à sombra, em que assassinato e vingança são normais, ameaça a própria existência de Hamlet, sua nobreza e sua formação civilizada. Mesmo assim, o príncipe aceita o perigo da empreitada e ela o leva ao desgosto, ao desprezo, à perda do amor e a considerar o suicídio — reações esperadas quando nos deparamos com monstros das profundezas. Quando ele mesmo é, enfim, assassinado, Hamlet aceita sua sina com alívio e com uma tranquilidade extraordinária. As palavras no princípio do filme de Hamlet deviam ter sido: "Esta é a história de um homem que tem medo da própria sombra."

Nesse sentido, é importante perceber que a sombra é uma criação humana. Ela foi forjada no inconsciente coletivo. Odiar um inimigo (ontem, eram os comunistas; hoje, são os terroristas) não é culpa da natureza humana. Você e eu herdamos a sensação de hostilidade. Ela vem da sombra, cujo conteúdo é de construção humana. Especificamente, a sombra armou o modelo do "eles", as pessoas que são estranhas em relação a "nós". "Eles" querem nos ferir e tirar o que temos de valor. Diferentemente de nós, eles não são plenamente humanos. Temos direito de lutar contra eles, até de destruí-los. É a este molde invisível, responsável por condicionar as mentes de muitos e não de uma pessoa só, o qual sobrevive de geração em geração para minar o pensamento racional, que se refere o arquétipo da sombra.

Conscientemente, os seres humanos criaram vastas civilizações como ambiente de sua própria evolução, mas, no nível inconsciente, temos acumulado uma história que vai muito além da experiência de uma única pessoa ou era. O que você chama de "eu", na verdade, é "nós" em um grau muito maior do que você conhece.

As provas estão no nosso corpo. O sistema imunológico é um projeto coletivo. Atrás do seu esterno há uma glândula, o timo, que produz os anticorpos necessários para resistir a infecções de micróbios e de vírus invasores. Quando você nasce, seu timo ainda não está desenvolvido. No primeiro ano de vida, dependemos da imunidade do corpo da nossa mãe. Mas o timo começa a crescer e a amadurecer até chegar ao tamanho e funcionamento máximos aos doze anos, encolhendo depois. Durante esse período de crescimento, ele fornece anticorpos para as doenças com que a raça humana já se deparou. Você não precisa ser contaminado com todas as doenças; a herança da imunidade é coletiva — e, ao mesmo tempo, conforme enfrentamos novas moléstias, continuamos acrescentando novas enfermidades a esse acervo.

Esse exemplo mostra que você não precisa de um corpo físico à parte. Seu corpo participa do projeto coletivo, um processo que nunca tem fim. Eu podia ter escolhido outros exemplos, como a evolução do cérebro, mas todos se resumem ao DNA. Seus genes registram a história do desenvolvimento humano no nível físico. Mesmo que a genética ainda não tenha revelado todos os segredos do genoma, creio que o próximo salto não será físico — ele se dará no nível da alma. E a primeira tarefa, assim que chegarmos lá, será renovar a alma em si. A era da sombra pode chegar ao fim assim que escolhermos a unidade em vez da separação. A sina do *self* dividido está em nossas mãos.

## O processo contínuo

De onde veio a sombra? O impulso à separação criou o contraste — e a guerra — entre luz e sombra. Quando a separação vira patológica, ela se manifesta como raiva, medo, ciúme e hostilidade da sombra. Assim, a alma humana se sente ao mesmo tempo divina e diabólica, sagrada e profana, santa e pecadora. Nas tradições da sabedoria oriental, temos o ditado de que o pecador e o santo estão apenas em momentos distintos. O pecador tem um futuro e o santo tem um passado no qual os papéis se invertem. A luxúria proibida e o amor incondicional são dois lados da mesma moeda. Não há como se ter uma moeda sem cara e coroa, ou uma corrente elétrica sem os polos positivo e negativo.

Assim como a eletricidade, a vida fica sem energia se um polo não enviar corrente a outro. Ao se entender isto, a primeira coisa que se percebe é que ter uma sombra é normal. A sombra é o impulso de separação. Mas o impulso divino é o impulso que busca a unidade. A opção de criar uma sombra se provou irresistível. Ela nos deu o *self* que vemos como humano, um "eu" familiar que pode ser tanto bom quanto ruim. Aqui não há mistério. O *self* misterioso de fato surge quando perguntamos se o poder da autocriação pode ser usado para algo novo: unidade em vez de divisão.

A separação tem uma trajetória fascinante. O ego conduziu os seres humanos em uma louca viagem pelo êxtase e pela tragédia. Nossa alma, este espaço de contradição, paradoxo e ambiguidade, constantemente lutou entre os dois impulsos: o divino e o diabólico. Vemos pouco motivo para desistir de um ou de outro. Amamos em segredo nossos vilões e vilãs. Dizer que alguém está "como o diabo gosta" é um elogio a contragosto.

Porém, de outra perspectiva, estamos vagando pela névoa da ilusão. Em vez de exercer nosso poder de criar qualquer *self* que quisermos, herdamos passivamente um *self* dividido, com toda a desgraça e conflito que o acompanham. Assim que você decide que "eu, mim e meu" define quem você é, não há como escapar dos perigos da separação. Não há como se ter Deus sem o Diabo.

O que é o Diabo? É a sombra mítica, o anjo caído — mas ele nasceu divino. Aliás, há outra maneira de interpretar a palavra "diabo" que seria como "o divino que não se sente bem". Aí há uma chocante conclusão oculta: você não pode ter um universo se não tiver as trevas confrontando a luz. O contraste não soa empolgante, mas assim que explodiu no universo visível, o resultado foi incrivelmente dramático: um holograma vivo do bem e do mal. Não existe átomo ou partícula subatômica no cosmos que não tenha se alistado no drama de opostos, começando pelas cargas elétricas e subindo até a batalha entre Satã e Deus.

O universo visível nos deu o pano de fundo panorâmico da nossa evolução; os domínios invisíveis nos deram nossa alma. Os dois se dão as mãos. Na verdade, são um só. Qualquer modificação que você faça no nível da alma também cria uma transformação no mundo exterior, que é o espelho da alma. Você não está limitado a herdar o mesmo e antigo drama no qual uma alma caída e pecadora luta para alcançar a luz — e pode ter ou não sucesso. Este drama espiritual subjaz a vida louca do ego. Transforma o mundo inteiro em um *playground* para o bem, para o mal e para tudo que os acompanha: pecado e redenção, tentação e retidão. A ideia de criar uma alma nova — e uma trama inédita que a acompanha — é, ao mesmo tempo, estranha e empolgante.

O impulso da separação nos deu a realidade que conhecemos. Qual impulso nos dará uma nova realidade? Chame de *impulso holográfico*. Este contorna os detalhes e mira a integralidade. Ele cria ambientações tridimensionais nas quais o interno e o externo se fundem em um só. A maioria das pessoas já viu um holograma criado com *laser*. Ao tomar não mais do que o fragmento de uma foto ou um objeto, o *laser* consegue recriar por completo o objeto ou a foto, como se fosse mágica. Em vez de um fragmento, a integralidade toma a frente. Do mesmo modo, mesmo que você esteja preocupado com os fragmentos do cotidiano — os afazeres, a cozinha, o trabalho, o lazer, os gostos e os desgostos, centenas de pequenas escolhas entre A e B —, sua mente já projetou um holograma em que você pode habitar. Você vive dentro de uma integralidade. O impulso holográfico não pode ser desligado nem aniquilado. Ainda que olhe à sua volta e se oponha a muito do que vê no seu mundo pessoal, sentindo-se impotente em relação aos outros e em se desvencilhar de situações complexas, você retém o poder de criar um holograma totalmente novo. Um novo holograma implica em um novo *self*. Não se alcança nenhum deles obtendo uma peça por vez. Aliás, é mais fácil criar a integralidade do que transformar um fragmento de sua realidade de cada vez.

Para ter a transformação holística, você precisa agir no nível da criação holística. Há um exercício fascinante que dá uma dica de como isso pode funcionar. Você vai fechar os olhos e imaginar uma experiência visual intensa, como um pôr do sol tropical ou o pico de uma montanha. A imagem em si pode ser qualquer coisa, desde que você a imagine com cor e profundidade. Depois imagine um gosto que ama, como o de um chocolate ou de um café forte. Entre fundo nessa sensação até sentir o gosto. Então, reporte-se a um som que ama, tal como sua música predileta; depois a uma textura agradável, como o veludo; por fim, a um cheiro embriagante, como uma flor de damasco ou um lírio.

Depois de imaginar essas experiências intensas com os cinco sentidos, você vai abrir os olhos e se assustar com o que vê. O mundo cotidiano ganhou intensidade. As cores estão mais fortes. Há energia no ar. Todas as pessoas informam que sentem essa mudança, que é surpreendente e que demonstra que engrandecer seu mundo interior, um pouco que seja, faz o mundo exterior acompanhá-lo automaticamente. O que temos aqui é uma pista de um dos segredos espirituais mais profundos: o poder de alterar a realidade de uma só vez. Este poder não se apresenta no primeiro plano da vida, e é por isso que as pessoas se sentem sacudidas pelas circunstâncias externas. Você tem que encontrar o nível da alma, no qual o impulso holográfico pode criar qualquer coisa.

Foi por este motivo que Jung chamou de *inconsciente* coletivo e não de *consciente* coletivo. Os seres humanos criaram o mundo coletivamente sem saber o que estava acontecendo. Eis os principais ingredientes que nós usamos. Veja como eles criam uma espiral cada vez mais profunda desde o primeiro, que parece inofensivo, até o último, que é potencialmente autodestrutivo:

*Sigilo*: Aprendemos a não revelar nossos ímpetos e desejos elementares.

*Culpa e vergonha*: Assim que os ímpetos e desejos elementares ficam ocultos, a sensação é ruim.

*Reprovação*: O que causa sensação ruim é errado.

*Acusação*: Queremos saber quem foi o responsável pela dor que sentimos.

*Projeção*: Fabricou-se um bode expiatório, seja um inimigo odiado ou uma força demoníaca invisível.

*Separação*: Fizemos todo o possível para expulsar esta força demoníaca de nós. Inimigos eram "o outro", do qual deveríamos nos defender e lutar.

*Luta*: A projeção não faria a dor sumir permanentemente, então se seguiu um constante estado de guerra externo-*versus*-interno.

Como pode perceber, a sombra continua sendo abastecida, pois somos mestres na manipulação desses ingredientes. Somos viciados neles, aliás, mesmo que o resultado seja guerra, violência, crime e luta infinita, sem falar no efeito sufocante de acreditar no mal cósmico como presença no mundo. A solução é descrir a sombra. Ela não é o monstro de Frankenstein, um horror que ficou mais poderoso que seu criador. A sombra é uma região da *psique*. Nada existe nela além de nosso poder de dissolução. Em vez de deixar que a sombra nos vitimize, temos que tomar o controle e retomar nossa verdadeira função de criadores.

## A SAÍDA

Permita-me resumir a discussão até aqui em três frases. *A dualidade é onde você está. A sombra cercou você com uma névoa de ilusão. Seu self dividido é a primeira ilusão, e a mais prejudicial.* Agora vamos lidar com o problema de perto, vendo se o diagnóstico se encaixa.

Pode ser difícil ver a sombra quando você olha à sua volta, seja hoje ou em outro dia. Para a maioria de nós, o cotidiano não é patológico. Mesmo que os especialistas nos digam que a violência doméstica e sexual seja mais disseminada do que queiramos admitir, mesmo que os transtornos de depressão e ansiedade continuem a crescer em ritmo alarmante, pessoas comuns acham fácil negar o lado sombrio da natureza humana. Por isso é importante saber que a sombra não é um bicho-papão. Qualquer coisa que deixa você inconsciente resulta da sombra, pois é na sombra que se escondem a dor e o estresse. Rompantes de violência doméstica acontecem quando não há mais como reprimir a tensão social. O preço de permanecer inconsciente é muito alto.

Vamos tornar ainda mais pessoal. As forças que foram empregadas ao longo das eras para criar a sombra coletiva estão sendo usadas por você hoje. O inconsciente pode parecer um mar disforme, um caos escuro de impulsos, ímpetos, segredos e tabus, tudo misturado. Mas podemos separar os vários fios e encontrar sentido.

## "Eu e minha sombra"

Assim como tudo na vida, criar a sombra é um processo. Ninguém se decide a incrementar o poder da sombra, mas é o que todos fazemos. A sombra cresce sempre que você recorre ao seguinte:

*Guardar segredos de si e dos outros.* Uma vida sigilosa dá matéria-prima à sombra. Entre as formas de sigilo estão a negação, a ilusão proposital, o medo de expor quem você é e o condicionamento quando se vive em uma família problemática.

*Alimentar culpa e vergonha.* Todo mundo é passível de erro; ninguém é perfeito. Mas quando você sente vergonha dos seus erros e culpa pelas suas imperfeições, a sombra adquire poder.

*Taxar você e outros de errados.* Se você não encontra uma maneira de se livrar da culpa e da vergonha, é muito fácil chegar à conclusão de que você — e outros — as merece. A reprovação é a culpa usando uma máscara de moral para disfarçar a dor.

*Precisar de alguém a quem culpar.* Assim que decide que sua dor interior é uma questão moral, você não vai ter problema em culpar outra pessoa que considera, em algum aspecto, inferior.

*Ignorar a própria fraqueza enquanto critica os outros.* Este é o processo de projeção que muitos não veem nem entendem muito bem. Mas, quando tenta explicar uma situação como ato divino ou demoníaco, você está projetando. Vale o mesmo quando você identifica "eles", as pessoas do mal que causam todos os problemas. Se você acredita que o problema está "neles", você projetou seu próprio medo em vez de assumir a responsabilidade por ele.

*Isolar-se de outros.* Se você chega ao ponto em que sente que o mundo está dividido entre "eles" e "nós", naturalmente você vai identificar seu lado como o bom e escolhê-lo. Este isolamento aumenta a sensação de medo e desconfiança, no qual a sombra prospera.

*Empenhar-se em manter a sombra sob controle.* No fim do ciclo, as pessoas estão convencidas de que o mal espreita por todos os lados. O que de fato aconteceu é que os criadores da ilusão estão sendo enganados pela própria criação. Tudo se uniu para dar enorme poder à sombra.

Ao expor o processo que alimenta a sombra, demos o primeiro passo para que ela perca o poder que tem. É uma espiral descendente. Ela começa pensando que você tem que guardar segredos, e depois esses segredos, em vez de ficarem silenciosamente escondidos, tornam-se fonte de vergonha e culpa. Começa a reprovação pessoal, que é algo muito doloroso com que se conviver, então você busca alguém fora de si que possa culpar. Essa espiral acaba levando ao isolamento e à negação. Quando você se vê brigando com o mal e o pecado, já perdeu há tempos a noção da verdade elementar que seria sua salvação — que não é se redimir com o Diabo. A verdade elementar é que você embarcou nesse processo por querer, quando optou por escolhas muito simples. Portanto, para fugir, você só precisa fazer as escolhas opostas.

Dividi essas escolhas em quatro categorias, elencando os passos a se tomar para se chegar a cada uma:

1. Pare de projetar.
2. Desapegue-se.
3. Largue a autocondenação.
4. Reconstrua seu corpo emocional.

As escolhas elementares da vida estão à disposição de qualquer um. Fazemos escolhas conflitantes o tempo todo. A sombra nos convenceu a culpar os outros em vez de assumir a responsabilidade. Ela nos diz que somos indignos de amor e respeito. Ela promove a raiva e o medo como reações naturais à vida. Todos nós estamos envolvidos nessas opções desastrosas. Elas sufocam nossas vidas e nos privam de toda alegria. Por isso, nada é mais urgente do que dar a meia-volta no processo — e quanto antes o fizermos, melhor.

## Passo 1: Pare de projetar

A sombra, segundo Jung, nos diz para ignorar nossas fraquezas e projetá-las nos outros. Para não sentir que não somos bons o bastante, vemos os outros ao nosso redor como se não fossem bons o suficiente. Incontáveis exemplos vêm à mente. Alguns são triviais, enquanto outros se resumem à questão de vida e morte. A última estrela do cinema é criticada por perder muito peso enquanto uma nação inteira fica mais obesa. Os movimentos antiguerra são denunciados como antipatrióticos, enquanto todos pagam impostos para matar cidadãos de um país que nunca fez mal algum aos Estados Unidos. Todos usam projeções como defesa para não ter que olhar para dentro de si.

Perceba que é uma defesa inconsciente. O modelo da projeção é a afirmação a seguir: "Não consigo admitir o que sinto, então vou imaginar que quem está sentindo é você." Assim, se não consegue sentir a própria raiva, você taxa um grupo social de violento e temível. Se tem emoções sexuais inconscientes que considera tabus, tal como atração por alguém do mesmo gênero ou desejos de infidelidade, você pensa que há outros dirigindo estes sentimentos a você.

A projeção é muito eficiente. Cria-se um falso estado de aceitação de si com base no "Eu estou bem, você que não está". Mas a autoaceitação genuína se estende aos outros; quando você está bem consigo, não há motivo para taxar alguém de errado.

## Você está projetando?

Eis as formas usuais que a projeção pode tomar:

*Superioridade*: "Eu sei que sou melhor que você. Você devia aceitar que é assim e ponto."

*Injustiça*: "É uma injustiça essas ruindades acontecerem comigo" ou "Eu não mereço isso".

*Arrogância*: "Sou orgulhoso demais para me importar com você. Sua presença já me irrita."

*Postura defensiva*: "Você está me atacando, então não vou te ouvir."

*Culpa*: "Eu não fiz nada. É tudo culpa sua."

*Idealizar os outros*: "Meu pai era como um deus quando eu era menor", "Minha mãe era a melhor do mundo" ou "O homem com quem eu me casar será meu herói".

*Preconceito*: "Ele é um deles, e você sabe como eles são" ou "Tenha cuidado. Esse tipo de gente é perigoso".

*Ciúme*: "Você está pensando em me trair. Já percebi."

*Paranoia*: "Eles querem me pegar" ou "Sou o único que percebo a conspiração, ninguém mais".

Sempre que surge uma dessas posturas, há uma sensação inconsciente oculta na sombra que você não pode encarar. Aqui vão exemplos costumeiros:

A *superioridade* disfarça a sensação de que você é um fracasso ou de que os outros o rejeitariam se soubessem a pessoa que você é.

A *injustiça* disfarça o sentimento de pecado ou a sensação de que você sempre tem culpa.

A *arrogância* disfarça a raiva acumulada, e por baixo dela está a dor profunda.

A *postura defensiva* disfarça a sensação de que você tem indignidade ou fraquezas. A não ser que se defenda dos outros, você vai começar a se atacar.

A *culpa* disfarça a sensação de que está em débito e de que deveria ter vergonha de si.

*Idealizar os outros* disfarça a sensação de que você é uma criança fraca e indefesa, que precisa de proteção e cuidados.

O *preconceito* disfarça a sensação de que você é inferior e merece ser rejeitado.

O *ciúme* disfarça seu próprio impulso de se desgarrar ou da sensação de inadequação sexual.

A *paranoia* disfarça a ansiedade profunda e assoberbante.

A projeção é muito mais sutil do que qualquer um pode imaginar. É a porta aberta para a sombra. Porém, é uma porta dolorosa, já que o que você enxerga como falhas nos outros mascara o que sente a respeito de si. O ideal seria se, ao mesmo tempo, pudéssemos parar de culpar e de reprovar todos. Na realidade, desfazer a sombra é um processo. Para parar de projetar, você tem que perceber o que faz, entrar em contato com a sensação que se esconde na superfície e fazer as pazes com esta sensação.

*Perceba o que você faz*: É fácil identificar quando estamos projetando? Uma das pistas é a negatividade — a projeção nunca é neutra. Ela se manifesta como energia negativa, porque o que ela disfarça é negativo. Isso acaba sendo um auxílio. Você sabe quando está com raiva ou com ansiedade. São emoções da sombra. Mas quando volta sua raiva contra algo ou alguém ou vê em tudo motivos para ter medo (a negatividade está presente), aí está um exemplo óbvio de projeção. Espero que veja a diferença entre ter sentimentos e projetá-los; sentir raiva é útil, mas direcionar a raiva na forma de culpa, não. A sociedade quer que você continue culpando, porque o pensamento "nós contra eles" é uma maneira — uma maneira muito ruim — de manter a coesão social. Daí a vozinha dentro da sua cabeça que quer ir atrás "deles" — dos terroristas, dos comunistas ímpios, dos traficantes, dos criminosos, dos pedófilos. A lista não tem fim. Em vez de se associar a todos os motivos para culpar "eles" e recriminá-los por tudo que fazem de errado (motivos estes que podem ser válidos), tome outro rumo. Olhe para si e o que a atribuição de culpa diz a seu respeito.

Uma vez, o renomado mentor espiritual indiano J. Krishnamurti estava dando uma palestra e uma pessoa da plateia levantou-se para perguntar: "Eu quero a paz mundial, abomino a guerra. O que posso fazer para trazer a paz?"

"Deixe de ser a causa da guerra", respondeu Krishnamurti.

A pessoa que fez a pergunta foi pega de surpresa. "Eu não sou a favor da guerra. Eu só quero a paz."

Krishnamurti fez não com a cabeça. "A causa de toda guerra está dentro de você. É a sua violência, oculta e negada, que leva a todos os tipos de guerra, seja a guerra dentro da sua casa, contra os outros na sociedade ou entre as nações."

A resposta dele nos deixa pouco à vontade, mas creio que seja verdade, pois os *rishis* (profetas) védicos proclamaram: "Você não está no mundo. O mundo está em você." Se este é o caso, então a violência do mundo está em cada um de nós. Antes de emergir o conceito da sombra, essa afirmação tinha uma aparência mística. Mas assim que você percebe que está participando de um *self* compartilhado, também tem como perceber que cada impulso à raiva, ao medo, ao ressentimento e à agressividade parte diretamente de você para o inconsciente coletivo, e vice-versa.

Sei que ter que se dar conta toda vez que você projeta sua negatividade oculta não é fácil. A negação é poderosa. A sombra é sigilosa. Quando você idealiza outra pessoa, um herói que ilumina e chama de perfeito, é difícil ver alguma negatividade subjacente. Mas ela existe, porque esta fantasia da perfeição em outra pessoa esconde em si a profunda sensação de inferioridade. No entanto, se você voltar ao quadro sobre projeção e consultá-lo com frequência, vai ver que é mais fácil se perceber usando essa defesa.

*Entre em contato com seus sentimentos ocultos*: O instante em que percebe que está projetando uma sensação oculta é o momento ideal para entrar em contato com ela. Não demore. A porta da oportunidade fecha rápido. Mas, antes que ela feche, há uma fresta. Logo antes de erigir sua defesa, você sente aquilo que não quer sentir.

Aqui vai um exemplo que um jovem me deu. Ele era muito pobre na pós-graduação, mas tinha amigos abastados que o convidavam para jantar. Uma noite, com todos à mesa, ele pensou em uma curiosa anedota.

"Lembra quando estávamos em Londres no verão passado?", disse ele, voltado para seu anfitrião. "Você e sua esposa começaram a discutir no meio da rua. Os dois falavam alto e eu fiquei ali, parado. Vocês estavam tão absortos, um gritando com o outro, que não notaram um furgão que estacionou logo atrás. Na lateral do veículo havia as palavras 'Azul Atacado'. Acho que é um exemplo de sincronicidade ou algo do gênero."

Os outros convidados fizeram que sim e começaram a cochichar, e a conversa prosseguiu. Mas depois a anfitriã puxou o convidado de lado. "Por que você quis nos humilhar?", perguntou ela, com voz irritada.

"Eu não estava humilhando vocês", contestou ele. "Estava contando uma história que achei que seria interessante."

"Pois volte àquele momento", disse a anfitriã. "Ponha-se lá, quando decidiu contar a história. O que estava sentindo?"

O jovem deu de ombros. "Nada. Esta história simplesmente me ocorreu."

Ela fez que não. "Não, naquele momento você teve um impulso malicioso. Não foi qualquer história que lhe veio à mente. Foi uma história que nos envergonhava."

Nem todas as pessoas têm a audácia, ou o discernimento, para analisar um momento passageiro dessa maneira. A favor do jovem, o embate deu certo. Ele me disse: "Eu não me defendi automaticamente. Eu recuei e vi que ela estava certa. Naquele instante, eu havia sentido inveja. Estava diante de uma mesa farta de comes e bebes que eu não tinha como pagar. Em certo nível, era uma humilhação estar lá e saber que eu não podia retribuir." E é por isso que, para esconder sua humilhação, ele contornou a situação e contou uma história em que outra pessoa era humilhada.

Neste pequeno exemplo vemos as características que você precisa ter se quiser sentir o que está oculto por dentro: prontidão, disposição, franqueza, honestidade e coragem. Ou, colocando de outro modo, se não se contiver e se perguntar "O que estou sentindo agora, de verdade?", você está dando as costas para a prontidão, a disposição, a franqueza, a honestidade e a coragem. Você deixa a sombra vencer.

*Faça as pazes com suas emoções*: Assim que sente o que está lá de fato, você tem uma opção. Muitas, na verdade. Pode fazer aquela emoção voltar para dentro. Pode se culpar por não ser boa pessoa. Pode atacar a emoção, lamentá-la ou pedir desculpas por ela. Nenhuma dessas escolhas é produtiva. Ela cai nas mãos da sombra ao reforçar a sensação indesejada, tornando-a ainda mais indesejada.

Parece estranho, mas os sentimentos têm sentimentos. Por serem parte de você, eles sabem quando são indesejados. O medo coopera ao se esconder; a raiva coopera ao fingir que não existe. A maior parcela do problema está aí. Como curar uma sensação indesejada quando ela não quer cooperar? Não há como. Até que você faça as pazes com as emoções negativas, elas vão persistir. O modo de lidar com a negatividade é reconhecer que ela existe. Nada mais é necessário. Nada de confrontos dramáticos, nada de catarse. Sinta a sensação, seja raiva, medo, ciúme, agressividade ou o que for, e diga: "Eu te percebo. Você faz parte de mim." Você não tem que se sentir bem quanto à emoção indesejada. É um processo. A raiva e o medo vão voltar; assim como quaisquer emoções profundamente ocultas. Quando isso acontecer, reconheça. Conforme o tempo passa, a mensagem vai ser transmitida. Suas sensações indesejadas começarão a ser menos indesejadas.

Quando isso acontecer, você vai começar a ouvir a história que elas têm, pois há uma história embalada dentro de cada emoção: "Eu sou assim por um motivo." Tenha receptividade à história que vai vir à tona, independentemente de qual seja. Cada trauma do passado pelo qual você já passou, desde acidentes de carro até uma rejeição no amor, de perder um emprego a um fracasso na escola, deixou seus resquícios na sombra. Você tem acumulado o que alguns psicólogos chamam de "dívida emocional com o passado". Para quitar esta dívida, você ouve a história que há por trás dela. Digamos que esta seja: "Nunca consegui superar não ter entrado no time de beisebol" ou "Eu me sinto culpado por ter roubado dinheiro da bolsa da mamãe". A maioria delas está enraizada na infância, pois esse período é um espaço de aprendizado da culpa, da vergonha, do ressentimento, da inferioridade e de toda a negatividade primordial que carregamos conosco.

Ao ouvir a história, aceite-a. Diga a si mesmo que você teve motivo válido para se agarrar à negatividade. Você não teve escolha, pois aquilo foi depositado em segredo e ficou oculto. Portanto, você não fez nada de errado. Suas antigas sensações ficaram ali para proteger você, para que a mesma ferida não se repetisse. Faça agora as pazes com isto que você transforma um negativo em positivo. O medo não estava se agarrando a você para causar dor; ele achou que você precisava ficar de guarda em caso de outra mágoa — outra mulher ou cara que rejeitou você, outro pai ou mãe que ralhou com você, outro chefe que o demitiu. Mas estas coisas não vão acontecer de novo, certamente não do mesmo modo.

A última coisa que você quer fazer é reciclar as emoções antigas. O que é muito tentador, claro. Diante de uma situação frustrante, todos nós ficamos tentados a enfiar a mão na nossa sacola de emoções e puxar a raiva. Em momentos de tensão, enfiamos a mão e tiramos a ansiedade. Contudo, se você ficar reciclando emoções do passado, você só vai reforçá-lo.

Nenhum de nós precisa se proteger da infância que passou. Mesmo que aconteçam situações similares — não que alguém possa prevê-las —, todos nós já estamos superprotegidos. Não armazenamos um motivo para ter medo, mas dezenas e dezenas, e para que não os esqueçamos, tomamos parte no medo coletivo quanto a inimigos, criminalidade, desastres naturais e assim por diante. Fazer as pazes com todo medo, toda raiva e toda agressividade que você puder não lhe fará mal algum. A *psique* ainda vai se lembrar do que precisa.

Após aprender a lidar com a projeção, você pode fazer a próxima pergunta. Por que precisa se defender? Isso se torna uma questão-chave, pois põe em questão o principal motivo para a existência da sombra.

## Passo 2: Desapegue-se

Por que é tão difícil se desapegar de emoções negativas? Não há apenas um motivo. Em primeiro lugar, as emoções negativas são a ponta do iceberg, de modo que toda vez que você fica com raiva ou fúria, por exemplo, há muito mais do que essas sensações armazenadas na sombra. Em segundo lugar, a negatividade é uma coisa que gruda. Ela se agarra a nós tanto quanto nós nos agarramos a ela. A aderência é um mecanismo de sobrevivência. Os sentimentos acham que têm motivo para existir. Assim como você, suas emoções justificam sua existência. Elas oferecem motivos; constroem uma história convincente. No entanto, apesar de tudo isso, você pode se desapegar da negatividade assim que souber como fazê-lo.

O processo começa quando você reconhece o que sente, por mais que seja indesejado, e traz isso à superfície. Já falamos sobre essa fase. Agora você precisa se desconectar da negatividade. Aqui temos um ato de equilíbrio, pois você quer assumir responsabilidade ("Isto é meu") sem perder a cabeça e se identificar com sua negatividade ("Isto sou eu"). Ela não é você assim que conhece sua verdade, que fica além da sombra. Então considere qualquer reação negativa como se fosse uma alergia ou uma gripe, algo que muda sua situação apenas de modo momentâneo. Uma alergia é uma coisa sua, mas não é você. A gripe traz aflição, mas isso não quer dizer que sua sina é ser uma pessoa aflita.

Quando encontrar uma maneira de desfazer a aderência da negatividade, você aprenderá o desapego. As afirmações a seguir servem à prática do desapego:

"Eu vou superar. Isso não vai durar para sempre."

"Eu já me senti assim antes. Sei lidar com isso."

"Eu não vou me sentir melhor descarregando isso em alguém."

"Ninguém vence no jogo de empurra-empurra."

"Extravasar leva ao arrependimento e à culpa."

"Eu consigo ser paciente. Vamos ver se dou um tempo e me acalmo."

"Eu não estou só. Tenho como chamar alguém que vai me ajudar a superar esse momento ruim."

"Eu sou muito mais do que o que sinto."

"O humor vem e vai, até o mau humor."

"Eu sei me centrar."

Se você consegue afirmar qualquer uma dessas frases, então você a está somando às suas habilidades de superação. Como torná-las reais? Querendo que elas sejam reais. Você tem que querer desapegar, querer ser centrado, paciente e ter consciência de si. Se tem essa intenção, alinha-se automaticamente com o desapego. O oposto ao desapego é ter tanto apego que você aumenta a aderência da negatividade. Isso acontece quando se pratica os seguintes pensamentos:

"Eu me sinto terrível. Não mereço isso. Por que eu?"

"Alguém vai responder por isso. Não fui eu que provoquei isso na minha vida."

"Em quem vou descarregar essa raiva?"

"Isto está me levando à loucura."

"Ninguém pode me ajudar."

"Como vou me distrair até esta sensação passar?"

"Eu preciso da minha droga preferida para fazer isto passar."

"Quando estou na pior, os outros que se cuidem."

"Preciso ser resgatado."

"Estou na mira de alguém."

"Isto tem que se resolver agora."

"Não consigo controlar como eu me sinto. É assim que eu sou."

Eu sei que "desapego" é um termo que os ocidentais identificam com o fatalismo oriental ou com a indiferença. Então, que este seja o primeiro conceito que você reenquadra de modo positivo. Desapegar não demonstra indiferença. Mostra que você não quer que a negatividade grude em você.

## Passo 3: Largue a autocondenação

Você vai ter as emoções que achar que merece. Muitas vezes, elas não são as que quer. Longe disso. Todo mundo está em condições de equilibrar sentimentos "ruins" com sentimentos "bons", o que se resume a se recriminar. Está envolta nessas sensações "ruins" — raiva, medo, inveja, hostilidade, vitimização, autopiedade e agressividade — uma imagem de si que precisa dessas emoções negativas. Não há duas pessoas que as usem do mesmo jeito. Construímos nossas identidades de jeitos singulares. Há pessoas que usam o medo para se motivar a superar desafios; outros o usam para se sentirem dependentes e vitimizados. Alguns empregam a raiva para controlar qualquer um nos seus arredores; outros têm medo da raiva e nunca a demonstram. Mas sua noção do *self* e, portanto, sua autoestima, estão atreladas a cada sensação que você tem.

Cada emoção é válida de um modo ou de outro. Mas quando você acrescenta a autocondenação, qualquer emoção pode ser danosa. O amor destruiu vidas quando foi mal-empregado, distorcido ou rejeitado. "Eu só queria ajudar" parece uma afirmação positiva que nasce do carinho, mas com que frequência ela mascara a intromissão indesejada? Você pode moldar uma imagem de si que não é reprovadora no instante em que quiser. Inúmeras pessoas querem, e os especialistas que nos dizem como alcançá-la também são quase inúmeros. Mas se as suas emoções têm efeitos negativos, você não tem como criar o *self* que quer. É muito difícil se sentir bem sobre si mesmo se emoções primordiais como raiva e medo podem andar soltas. Então, o que fazer? Se repressão e supressão não funcionam, tampouco pode-se deixar que emoções negativas aflorem livremente.

Eu dou alto valor à solidariedade. Se você consegue olhar para si e dizer "Está tudo bem. Eu entendo", você está fazendo duas coisas ao mesmo tempo. Está deixando de recriminar suas emoções e se dando permissão para ser quem você é. A solidariedade é uma emoção que tendemos a direcionar para fora. Nós esquecemos de concedê-la a nós mesmos. Lembrei isso quando tive um contato impactante com uma jovem que veio me fazer uma pergunta.

"Sempre ouço os outros", disse ela. "E fiquei me perguntando: é possível ser solidária demais?"

Eu pedi para descrever o que acontece quando ela ouve os outros.

"É uma coisa estranha", respondeu ela. "Quando eu me levanto, ouço minha família e me solidarizo. Sou assim desde criança. No trabalho, as pessoas me contam seus problemas porque sabem que serei solidária. Mas, nos últimos tempos, até pessoas na rua que nunca vi na vida de repente me contam seus problemas. Eu ouço todo tipo de história."

"E você sempre se esforça para ser solidária?", perguntei. Ela fez que sim. "Não acho que você esteja se fazendo mal." Ela pareceu aliviada. "Aliás", prossegui, "acho que você é notável e não percebe. Fico grato por você existir."

Aquilo foi inesperado e ela ficou envergonhada. Não são muitos que podem dizer que nosso maior problema é o excesso de solidariedade pelos outros.

"Mas existem ciladas", disse eu. "Solidariedade é sinônimo de compaixão. A palavra 'compaixão' significa sofrer junto. É aí que se tem que dar o limite. Sua solidariedade será desperdiçada se ela a exaurir. Ela não pode oprimi-la nem deixá-la tão mal quanto a pessoa com quem se solidariza."

Quando é válida, a compaixão é tão valiosa para quem a concede quanto para quem a recebe. Mais tarde, pensei em como isso se aplica ao *self*. Dentro de cada um de nós há uma voz que nos recrimina. Você pode chamá-la de consciência ou de superego, mas essa voz não vem de um julgamento externo nem de um pai ou uma mãe. Ela age de forma independente, avaliando nosso valor e o que pensamos. Digamos que você se irrita injustamente com alguém e depois se sente culpado por ter perdido as estribeiras. A voz recriminadora na sua cabeça diz: "Você errou. Já deve ter se metido em confusão e merece que isso esteja acontecendo." Talvez estas palavras ajudem em certo sentido. Mas essa voz que recrimina é apenas você; assim, ao lhe recriminar, na verdade, ela está se recriminando. Não existe julgamento objetivo, independente, interno. A voz que fala do seu erro ou da sua maldade é uma personagem fictícia e você vai notar que esta personagem nunca é solidária. Para assegurar o poder que tem sobre você, ela tem que intimidá-lo.

O que aconteceria se você começasse a se solidarizar consigo? A recriminação interna começaria a se dissolver. No caso dessa jovem, senti que ela não estava manipulando sua solidariedade de maneira egoísta, como as pessoas fazem ao dizer: "Depois de ver como minha amiga está mal, eu me sinto muito melhor comigo." Em vez disso, ela estava deixando sua solidariedade fluir, escutando e abrindo um canal. Temos que fazer o mesmo por nós. Ainda melhor se este canal levar a Deus. No nível mais alto, a compaixão tem um papel de cura. Quando você oferece solidariedade, as aflições do outro são ouvidas e passam a um nível mais elevado da consciência.

Não estamos falando em renunciar à sua consciência. Mas quando ela vira castigo e faz você se sentir indigno, ela foi longe demais. É hora de se desprender da recriminação que mantém você atado a uma concepção estreita de si. No reino do espírito ou de Deus — chame do que quiser —, o sofrimento tem cura. Por meio da sua simpatia, você abre um canal para poderes de cura. Busque ser este canal. É uma das maiores alegrias da vida, e sem dúvidas a mais pura.

## Passo 4: Reconstrua seu corpo emocional

Assim que qualquer emoção negativa vier à tona, você pode substituí-la por algo novo. É o que eu chamo de reconstruir o corpo emocional. Todos nós temos uma imagem mental de qual seria o corpo físico desejável — em forma, saudável, juvenil, agradável ao olhar. Mas não usamos estas qualidades em relação a nossas emoções, nosso "corpo emocional". O corpo emocional, assim como o físico, precisa de nutrição adequada. Ele pode ficar cansado e flácido quando repete as mesmas reações ao mundo. Ele adoece quando exposto a toxinas e influências que não são sadias.

Toda vez que você sente uma emoção negativa, seu corpo emocional expressa desconforto, sensibilidade, fadiga ou dor. Preste atenção a estes sintomas tal como prestaria às dores e aos desconfortos físicos. Se tivesse uma pedra no sapato, você não hesitaria em tirá-la. Mas há quanto tempo aguenta pedras emocionais no seu sapato? De certo modo, nossas prioridades deveriam ser invertidas. Pense no tempo e dinheiro que se gasta para evitar o envelhecimento. Temos enorme empenho e cuidado para garantir que nossos corpos possam ser saudáveis e funcionais conforme a idade avança. Só que, ironicamente, é o corpo emocional que é imune ao processo de envelhecer. Não há motivo para as emoções ficarem velhas, pois a fonte do frescor e da renovação está sempre à mão. Seu corpo emocional deveria permanecer energizado, alerta, flexível e agradável. Creio que uma única expressão, "a leveza de ser", engloba todas essas qualidades.

As crianças sentem naturalmente a leveza de ser. Elas brincam e riem; esquecem-se dos traumas e recuperam-se rápido. Tudo que elas sentem emerge de imediato. Este período de despreocupação pode não durar muito. Ao observar uma criancinha de perto, você percebe o início das tendências que levarão ao sofrimento futuro, conforme a sombra ensina suas táticas de projeção, recriminação, culpa e tudo mais. É por isso que reconstruir o corpo emocional é a melhor estratégia de longo prazo para todos — seu futuro depende de desfazer seu passado. A chave é ter perspectiva. Assim você pode implementar sua visão todos os dias. Não faltam conselhos detalhados, neste livro e em várias outras fontes. Mas, sem perspectiva, até o melhor conselho se torna desordenado e fragmentário.

Uma perspectiva para a reconstrução do corpo emocional inclui pelo menos alguns dos pontos a seguir:

Aprender a integralidade

Tornar-se resiliente

Afastar os demônios do passado

Curar velhas feridas

Esperar para si mesmo o melhor

Adotar ideais realistas

Entregar-se

Ter generosidade, principalmente com seu espírito

Enxergar além dos seus medos

Aprender a se aceitar

Comunicar-se com Deus e com seu *self* mais elevado

O mais importante para reconstruir seu corpo emocional é aprender a integralidade. As emoções não têm como se renovar isoladamente. Elas se misturam e se mesclam a pensamentos, ações, aspirações, desejos e relacionamentos. Cada sensação que você tem faz um movimento invisível para o lado exterior, para o meio ambiente, afetando as pessoas ao seu redor e, em última instância, a sociedade e o mundo como um todo. Por ter trabalhado com milhares de pessoas ao longo dos anos, comecei a ver que, sem a integralidade, só temos como criar mudanças superficiais. Assim, vejamos se podemos abordar sua vida como uma realidade, um processo que engloba cada pensamento e atitude que você já teve ou terá.

Pode parecer opressor, mas, para fugir da névoa da ilusão, a única saída é a realidade. Na verdade, só existe uma realidade e você não tem como se apartar dela. Tampouco gostaria, assim que perceber a enorme vantagem que há em viver na integralidade. Seu *self* isolado, que tem imenso investimento no mundo, não é quem você é de verdade. Aliás, pode ser uma ilusão total, justamente como disse Buda. O *self* que você defende todo dia como ponto de vista singular é uma ficção conveniente que faz o ego se sentir bem. O que o ego não percebe, contudo, é que a sensação seria ainda melhor se ele desistisse de seu investimento estreito e egoísta no mundo. Quando isso acontece, o verdadeiro *self* pode emergir. Aí, e somente aí, a integralidade é possível.

## UMA NOVA REALIDADE, UM NOVO PODER

A integralidade supera a sombra quando a absorve. O mal e a injustiça não ficam mais isolados. Comentei antes que os prejuízos ao ecossistema são um exemplo de como o comportamento incoerente pode ser negado e varrido para baixo do tapete. Mas, conforme mudam as posturas, descobrimos que o ecossistema está totalmente interconectado. O comportamento de todos nós afeta o de todos os outros. Não há porção do planeta que possa ser isolada, como se fosse imune ao prejuízo ecológico causado por outras partes. A integralidade muda toda nossa perspectiva.

Agora pegue a palavra "ecossistema" e a compreenda em um contexto maior. A integralidade tem que ser ampliada para levar em conta as leis que regulamentam a poluição, as batalhas sociais contra o aquecimento global, as posturas pessoais quanto à reciclagem e, por fim, nosso próprio jeito de ser feliz. Temos como continuar a ser felizes com um modo de vida que, aos poucos, destrói o mundo natural? Tudo que você conseguir imaginar está englobado no ecossistema. É nesta rede de relações que todos nós existimos. Se você entende o emaranhado de relações como um local invisível onde tudo se une, começa a ver a integralidade onde antes havia divisão.

No debate atual sobre o meio ambiente, dois caminhos estão abertos. Podemos continuar a negar o problema ou podemos encará-lo de frente. A primeira opção é uma solução falsa, pois não afasta o temor nem exime a culpa pela aniquilação ecológica e por desastres futuros. A segunda opção elimina o medo e a culpa do único modo que se mostra viável: resolvendo o problema que leva a estas emoções. Isso vale para a sombra. O problema pede uma solução com abordagem holística. A negação é uma falsa solução.

Se você reconhece e aceita sua sombra, o processo chega a ser estimulante, pois o todo da vida nos nutre — ou seja, a vida existe para se sustentar. Quando nos prendemos ao drama do bem contra o mal, impomos nossa própria perspectiva, que é limitada. Afinal de contas, mesmo quando alguém comete um crime violento, vai à guerra ou vitimiza outra pessoa, as células e os órgãos do transgressor não travam. O compromisso do corpo é com a vida, por mais que a mente fique num dilema.

## Uma nova visão de mundo

Os autos dos milagres da Idade Média, peças que eram encenadas em dias de festa, transformavam a seriedade sinistra do mal em piada cósmica. O Mal é uma personagem cômica que se envolve em todo tipo de malfeitoria, seduzindo as almas e provocando tormentos, mas o Diabo não consegue ver que, no fim das contas, Deus é mais poderoso. Até Satã é redimido. Em termos religiosos, esses autos dizem que a integralidade sempre supera a divisão. Se você vê o mundo em termos de bem contra o mal, é porque não entendeu a piada cósmica.

Tudo que achar de errado sobre si e tudo que achar muito doloroso para ser confrontado pode ser visto de outro modo. A vida — no caso, a sua e a minha — transcende qualquer orientação de vencer ou perder. A integralidade é maior que as explicações simplistas que falam em causa e efeito. No emaranhado de relações, você atua dentro de um contexto muito maior. Assim que se vê parte do todo, há uma nova compreensão. Não há necessidade de rotular a si nem a ninguém como parte do bem contra o mal, do drama do certo contra o errado. Você pode trocar a reprovação pela experiência real de compaixão, do amor e do perdão. Esta é a cura que vem da escolha de ser integrado.

Mas o ponto de vista holístico também desata uma sabedoria intuitiva mais intensa: você percebe por que as coisas são como são. É comum ouvir as pessoas dizerem: "Há motivo para tudo que acontece." Mas, geralmente, se questionadas a respeito de qual seria o motivo, elas não costumam saber. A mente procura em vão explicações de causa e efeito, levando-nos a especulações estranhas: "Uma vez eu traí minha esposa e por conta disso estou falindo"; "Antes eu tinha muita raiva e agora tenho câncer"; "A comunidade deixou de acreditar nos mandamentos de Deus e agora um furacão acabou com tudo". Mesmo que rejeite essas conexões sinistras, é provável que você ainda acolha superstições desse nível, como fazemos todos. Não nos ensinaram outra maneira de explicar as operações invisíveis da realidade.

Permita-me sugerir outra maneira. E se tudo que existe, seja visível ou invisível, pudesse ser encaixado em um só plano? Nele, o universo inteiro é constituído pela consciência. Os maiores acontecimentos, tais como nascimento e morte de galáxias, estão vinculados aos menores, às interações das partículas subatômicas. Tudo faz parte de uma única consciência, que em eras anteriores chamavam de mente de Deus. Não precisamos usar os termos da religião. Mas, assim como o conceito tradicional de Deus, a consciência é infinita, onipresente, onipotente e onisciente. Ela se desdobra em diversas formas. Se vista pelos cinco sentidos, algumas dessas formas não parecem conscientes. Parece peculiar dizer que uma água-viva pulsando no oceano Pacífico, uma rocha na fachada do monte Everest e uma gota de chuva que cai no Brasil estão conscientes. Mas não estamos falando de ter cérebro. Uma água-viva, uma pedra e uma gota de chuva não têm pensamentos nem emoções (até onde sabemos, é bom ficar de mente aberta quanto ao desconhecido). Assim, não nos sentimos em íntima conexão com a vida "não consciente" ao nosso redor.

Quando nos isolamos de objetos e criaturas inferiores, como dizemos, é porque se perdeu algo imenso. Há princípios que abrangem todas as coisas. Veja uma célula no seu corpo e um elétron que dispara pelas trevas do espaço, e há um nível invisível em que emergem semelhanças profundas:

Cada ação é coordenada com outra ação.

Cada parcela da integralidade compartilha informação.

A comunicação é instantânea.

A energia é reformatada em variações incontáveis, mas nunca se perde.

A evolução produz mais formas complexas conforme o tempo passa.

A consciência se expande quando as formas se tornam mais complexas.

São termos muito abstratos, eu sei, mas ao fim nenhuma palavra é necessária. Quando você se vê como algo à parte, é como se expressar-se significasse muito mais do que ser. Afinal de contas, ser é algo passivo, é pressuposto, enquanto expressar-se ronda nossas vidas, enche nossas cabeças, une e separa as pessoas. Mas nenhuma dessas palavras poderia existir sem a inteligência silenciosa dentro de cada célula. O poder que mantém nosso corpo unido, coordenando um número infinito de ações biológicas por segundo entre centenas de bilhões de células, é mais primordial do que pensar e se expressar.

Primordial não quer dizer primitivo, erro que cometemos quando temos muito orgulho do raciocínio humano. A consciência que se encontra em todo lugar é inexpressível; ela excede em muito a mente humana. Se listarmos as coisas que vêm a nós de forma misteriosa, que sentimos profundamente sem palavras, não se entende por que alguém ainda duvide da existência do mundo invisível. Aí vai uma lista rápida:

Amor

Criatividade

A sensação de estar vivo

Beleza

Inspiração

Intuição

Sonhos

Visões

Anseios

Realização

A sensação de pertencimento

Espanto, encanto

Êxtase, alegria

O numinoso, a sensação da divindade

Uma vida preenchida por todas essas qualidades invisíveis seria nada menos que um novo jeito de ser. Ninguém recusaria voluntariamente o encanto, a criatividade, o amor e todo o resto. Mas é justamente o que milhões de pessoas fazem. Elas experimentam a alegria e a realização em pequenas doses, que passam depressa. Não conseguem superar a sombra, que protege as riquezas do inconsciente com garras e dentes afiados. Já ouvi um guru lamentar a seu público: "Eu lhes mostro as portas do céu e quando aparece um duende que grita 'Bu!', vocês saem correndo."

Perceba que medo, raiva, insegurança, ansiedade e outros aspectos da sombra são muito mais que um "Bu!". Se vamos chegar aos portões do céu, o único *self* que nos faz chegar lá é o que temos. Aí que está o dilema. Como um *self* dividido pode atingir a integralidade? Gostaria de propor que há como, mas não do modo que a maioria dos que buscam acha que há. Krishnamurti, o mais direto e até mais implacável dos sábios indianos, disse: "A liberdade não é o fim do caminho. É o início. Não há mais para onde ir. A liberdade é a primeira e última coisa no caminho." Ele não queria iludir os seguidores. Sua doutrina da primeira e última liberdades, como ele mesmo chamava, era seu jeito de dizer que a integralidade — o estado de liberdade plena — não tem a ver com escolher isto ou aquilo. Não se trata de ser bom em vez de mau, puro em vez de impuro. A integralidade não tem divisões. Ela é tudo. Assim, ela deve ser, ao mesmo tempo, princípio e fim. Nossa função é transformar essa compreensão em um modo de vida pragmático.

## Como é a integralidade?

A glória da existência humana não está em todas as coisas que nos fazem singulares. Está no fato de que podemos nos unir à inteligência cósmica; cada um de nós pode se tornar parte consciente do todo. Quando isso acontece, você adquire um mundo que praticamente não é sugerido por pensamentos e sensações da vida cotidiana. Viver holisticamente é pragmático, pois, com toda a consciência para se inspirar, você terá mais criatividade e imaginação, e vai se recriminar menos. Porém, para algum desses benefícios aparecerem, você tem que sentir como a integralidade é. É disso que trataremos agora.

### *A integralidade quer que você se cure*

A integralidade busca sempre se restaurar. Seu corpo tem toda uma variedade de técnicas de cura. A integralidade e a cura têm conexão íntima (as respectivas palavras inglesas *wholeness* e *healing* derivam da mesma raiz no sânscrito). O que o corpo faz para restaurar a integralidade?

Ele busca o equilíbrio.

Cada célula se comunica com a outra.

Não há parte mais importante que o todo.

Descanso e atividade são harmonizados.

Em meio à movimentação constante, há uma base estável (conhecida como homeostase).

Cada célula se adapta a mudanças no ambiente.

O estresse é contraposto e controlado (doença e desconforto são basicamente resultados dele).

Em todos os casos, o corpo está se mantendo integrado. O sistema de cura se amplia para todos os lados. Suas células do coração, do cérebro e do fígado executam funções distintas, mas manter-se vivo e com saúde são sua meta comum; assim, a integralidade é mais importante que qualquer atividade singular. Se vir seu corpo como uma metáfora da vida, o que isto significa?

Você dará valor ao equilíbrio.

Os aspectos isolados de sua vida vão funcionar visando a um propósito comum.

Cada aspecto de sua vida terá igual valor.

O descanso encontrará ritmo normal na atividade.

Seu *self* central, que está calmo e em paz, não será perturbado em meio à movimentação.

Conforme sua situação muda, você vai se adaptar e se mostrar resiliente.

Aos primeiros sinais de a tensão o estar tirando da zona de conforto, você vai notar e reagir.

Vai valorizar seu bem-estar acima de qualquer experiência individual.

Embasei esses pontos em termos gerais, mas pense como as pessoas teriam vidas diferentes se uma escolhesse a integralidade e a outra não.

## A integralidade é sempre um ganho, nunca uma perda

A pessoa integrada é a pessoa curada. Se isso for verdadeiro, não importa como viva sua vida: você não tem a plena cura até que o *self* dividido tenha se transformado. Há muitas maneiras para se alcançar a boa vida e muitas pessoas encontram motivos para não buscar a integralidade (um dos grandes motivos para tanto é que elas nunca foram expostas a uma perspectiva do *self* superior tal como ele é). É crucial saber que você não deixará de ser você conforme busca a transformação.

O mundo dos contrastes é sedutor e dramático. Sem o contraste, estaríamos condenados à uniformidade eterna? Quanto mais forte a luz, mais forte a sombra. Não é uma coisa que foi criada pela humanidade; é o modo como a natureza funciona. O inverso é impraticável. Se o universo não tivesse forças criativas se opondo simultaneamente à força da deterioração, ou entropia, não haveria universo.

Digamos que somente o impulso criativo e evolutivo existisse no universo. O que aconteceria? O cosmos rapidamente esgotaria matéria e energia para usar em novas formas, já que as antigas nunca se desgastariam nem ficariam obsoletas. Em termos pessoais, falamos de nos tornarmos pessoas evoluídas, mas se você evoluísse sem dissipar a pessoa que era, seria bebê, criança, adolescente e adulto perpétuo ao mesmo tempo. Seu corpo teria inúmeras camadas de pele, porque as células velhas e mortas não seriam descartadas; o revestimento de seu estômago iria inchar de forma grotesca sem o trabalho das enzimas digestivas que o devoram constantemente e o substituem todo mês.

Por outro lado, se existisse apenas o impulso da inércia ou da aniquilação, o universo consumiria a si mesmo muito rapidamente. A entropia provocaria a "morte térmica" em curto prazo, conforme o cosmos involuísse a vácuo frio e estático. Precisamos dessas duas forças opostas, mas isto não é um argumento a favor do dualismo. Aliás, é um argumento forte a favor da integralidade, já que se precisa de uma perspectiva mais ampla do que a que cada lado tem para que os dois se equilibrem.

Seu corpo consegue entrar em hipervelocidade quando se dispara a reação de estresse. Um jorro de adrenalina acelera o coração, tira energia extra da corrente sanguínea, alerta a mente, reforça os sentidos e ativa o lutar ou correr. Mas se a reação não for controlada, ela o mata em questão de minutos. É algo que se observou em pacientes que passaram muito tempo com anabolizantes. As drogas que usam para refrear processos inflamatórios, por exemplo, também refreiam o sistema hormonal. Ao se interromper o uso dessas drogas de repente, o corpo não tem como secretar os hormônios de forma balanceada. Assim, você pode se aproximar por trás e dar um susto em um desses pacientes, dizer "Bu!" e deixar a pessoa em tal estado que os hormônios de tensão aceleram o coração até um nível perigoso, muitas vezes com resultados fatais.

Quanto ao ego, nos enganamos em achar que ser absolutamente bom é possível. Que nunca mais vamos mentir, trair, sentir ciúme, perder a paciência ou ceder à ansiedade. Essa intenção nunca dá certo, pois ser bom o tempo todo é tão inflexível quanto ser qualquer coisa o tempo todo. Há momentos em que é certo e saudável ter raiva ou sentir medo. O problema do pensamento positivo é que não há como ser positivo o tempo todo. É sagaz lutar contra ditadores, opor-se à opressão em todas as suas formas, dizer às figuras influentes e corruptas que elas estão erradas e assim por diante. A vida apresenta desafios do lado sombrio. Não temos que demonizar a sombra; ela é a origem de quase todo desafio que vale a pena encarar.

A ilusão em que caímos é pensar que a vida nos obriga a escolher entre o bem e o mal. Na realidade há uma terceira via, que é a integralidade. De sua perspectiva, você pode equilibrar as trevas e a luz e não se escravizar perante nenhuma. A dualidade entre ambas pode ser transformada em tensão criativa. Os mocinhos têm que vencer, mas é bom que os bandidos não percam tudo, pois aí a história chega ao fim. O universo se tornaria um museu, fossilizado e mumificado para sempre.

O ideal é que as forças da verdade, bondade, beleza e harmonia fiquem um passo à frente das forças sombrias. Seu corpo tem como chegar lá, assim como o universo. Não temos como negar o fato de que as formas de vida estão em constante evolução, subindo a níveis mais elevados de abstração, criatividade, imaginação, perspicácia e inspiração. Alguma coisa mantém esse equilíbrio, mas o faz pender um pouquinho a favor da evolução. Em muitos sentidos, a espiritualidade não faz mais do que imitar a natureza. Se consegue fazer a balança pender para a evolução e não para a entropia e a deterioração, você é um verdadeiro combatente espiritual.

## A integralidade está próxima, não distante

Existe um mapa da consciência humana que é válido em qualquer sabedoria tradicional. Nele, um Deus atemporal serve como origem da criação. Mesmo quando a palavra "Deus" não é utilizada, tal como não é no budismo, existe um estado sem separação; ele é integrado; ele contém tudo que é visível e invisível. O estado indivisível do Ser se divide entre os aspectos visíveis e invisíveis da criação. A partir de si, a singularidade cria a pluralidade. Você pode imaginar o mapa como um círculo com um ponto no meio. O ponto representa Deus como a origem, que é menor que a menor partícula de qualquer coisa. O círculo também representa Deus, mas Deus como o universo manifesto, que é maior que a maior coisa que houver.

Mas, para o mapa ser preciso, você tem que ver o círculo como algo em expansão constante, tal como o universo depois do Big Bang. Diferente do cosmos físico, porém, Deus se expande à velocidade infinita em todas as direções. Isso significa o potencial ilimitado do Ser assim que adentra a criação. Até o momento, o mapa pode parecer esotérico, e muita gente não veria seu valor prático. (Uma vez uma mulher me disse que era afugentada pelo prefixo

"Oni" e pela palavra "Uno" em se tratando de Deus. Para ela, significava que eles estavam envoltos em um mar de nada, um vácuo divino.) Nossas mentes não dão conta de entender a expansão infinita em todas as direções. Mas deixe o mapa do seu jeito. Veja sua origem como um ponto enquanto seu mundo inteiro é um círculo em expansão. Quanto mais você vê, entende e sente, maior ele fica. Ainda assim, ele sempre se expande da origem, do ponto central. Isso significa que a origem nunca está distante. Ela é uma constante.

Quando você consegue sentir a si como sua origem e seu mundo ao mesmo tempo, você se tornou integrado. O motivo pelo qual sua origem parece distante é que você identificou todas as coisas isoladas no seu mundo, negligenciando a origem criativa que torna tudo possível. (É tal como esquecer sua mãe conforme você cresce. Não há esquecimento que apague o fato de que você teve uma mãe que foi sua origem.) Não é possível perder toda a conexão com sua origem, pois a consciência é constituída dela. Estar consciente de que você está vivo significa que está conectado à consciência. Isso, contudo, faz a conexão parecer passiva, e ela não é. Cada pensamento que você já teve passa por ela. Há também um lado silencioso da consciência que opera para mantê-lo fisicamente vivo. Seu coração está ciente do que seu fígado faz, não em palavras, mas a partir de mensagens codificadas em compostos químicos e sinais elétricos. Seu corpo depende de uma infinita gama de reações para se coordenar em meio a centenas de bilhões de células. É um aspecto da consciência que nunca ganha voz, mas sua inteligência supera em muito a de qualquer gênio.

As pessoas comuns se preocupam que Deus possa estar tão distante que nos esqueceu, enquanto entusiastas da religião acreditam com todo ardor que Deus está constantemente próximo. As duas perspectivas são falhas. É que "próximo" e "distante" são termos falsos. Eles derivam da dualidade, já que próximo é oposto de distante. Mas imagine a cor azul. Antes de você vê-la na mente, a cor azul estava próxima ou distante de você? Diga somente a si a palavra "elefante". Antes de você trazê-la à mente, seu vocabulário estava longe ou próximo de você? Usamos a consciência para fins individuais, a serviço do "eu e meu", mas você pode se localizar no tempo e no espaço sem localizar sua consciência. Não existe distância entre você e uma memória, você e seu próximo pensamento. Da perspectiva da integralidade, já que tudo está sendo coordenado ao mesmo tempo, a distância é irrelevante.

O que leva a uma conclusão empolgante: seu potencial para transformação também não está distante. Potencial é a mesma coisa que possibilidades não vistas. Ou você vê que algo é possível ou não vê. Assim, "impossível" é apenas outro nome que se tem para o que não é visto. Desta forma, a sombra, que o faz ver um mundo limitado e temível, cheio de ameaças e possibilidades sombrias, mascara muitas possibilidades não vistas que poderiam surgir na sua consciência se você se expandisse. Sem expansão, você é obrigado a ter uma visão estreita. Pense em quando você tem uma dor de dente intensa. A dor toma toda sua atenção; você não consegue pensar em outra coisa. Se a raça humana sentisse dor física constante, a consciência nunca teria se ampliado. O medo é dor antecipada e tem o mesmo efeito de estreitar sua consciência. Integralidade, como descobrimos, é encontrar sua origem. Na origem, não existe separação. Você não tem que conquistar cada aspecto de si que é matizado com as trevas (o que, aliás, seria impossível). Torne-se quem você é de fato, e daquele momento em diante as trevas deixam de ser algo com que pode se identificar.

Você está vivendo próximo à origem da consciência quando as seguintes afirmações são verdadeiras:

Você está em paz.

Não há como abalar você de seu centro.

Você tem autoconhecimento.

Você sente empatia sem julgar.

Você se vê como parte do todo.

Você não está no mundo. O mundo está em você.

Suas ações lhe trazem benefício espontâneo.

Seus desejos se manifestam facilmente, sem atrito nem esforço.

Você consegue executar ação intensa com distanciamento.

Você não tem investimento pessoal em nenhum resultado.

Você sabe como se render.

A realidade de Deus está visível em tudo.

O melhor momento possível é o presente.

## A integralidade está além da sombra

Seres humanos lutaram contra a sombra durante muitos séculos, mas até onde eu pude descobrir, ela nunca foi derrotada. Os únicos que conquistam a sombra são aqueles que não a confrontam; são os que a transcendem. Quando transcende, você vai além. Na vida cotidiana, transcendemos o tempo todo. Por exemplo: quando uma mãe vê uma criancinha ranzinza e exigente, ela não se coloca na mesma posição dela. Ela percebe que a criança está cansada e que precisa dormir. O que ela fez? Ela transcendeu o nível do problema, passou a outro estágio para encontrar a solução. A partir desse exemplo surge uma verdade espiritual: *o nível do problema nunca é o nível da solução.*

Sabemos disso por instinto, mas aplicar esse raciocínio nos traz pesar. Nossas fantasias nos obrigam a descobrir qual lado é bom e qual é mau, na esperança de que, se escolhermos o lado vencedor, a vitória será total. Mas nunca é. Todo dilema tem dois lados. Cada guerra travada em nome de Deus depende de uma ilusão, pois o outro lado se apoia igualmente Nele. (Algum exército adotou o *slogan* "A vitória é nossa porque Deus está do nosso lado"?) Os inimigos da transcendência caem exatamente nas mãos da sombra. Você está optando por não transcender quando luta no nível do problema.

Considere o seguinte:

Você tem uma dor crônica. Em vez de ir ao médico, você toma mais analgésicos.

Você fica sabendo que alguém não gosta de você. Você acha motivos para desgostar da pessoa.

Seu filho está brigando com outra criança na escola. Você tem certeza de que seu filho está certo.

Você ouve falar que um casal está se divorciando. Você escolhe um lado.

Um pregador vem à sua porta para falar sobre uma nova religião. Você bate a porta na cara da pessoa, pois o seu Deus é o certo.

São todos momentos em que a opção de transcender foi recusada e, já que são situações comuns, é fácil ver como a sombra adquire poder. Em cada caso, um lado foi rotulado como bom e o outro, como mau. Alguém é taxado de errado para você se sentir certo. Ser crítico é validado como jeito saudável de enxergar o mundo. O processo de fugir da névoa da ilusão começa quando você percebe que ninguém se beneficia, fora a sombra. Você nunca estará certo o bastante, será vitorioso ou virtuoso o bastante para dissipar a raiva, o ressentimento, o medo que está engendrado nas pessoas que taxou de erradas. Assim que percebe isto, a transcendência se torna uma opção viável. Você começa a procurar o nível da solução em vez do nível do problema.

## A integralidade resolve qualquer conflito

Eu queria que a palavra "transcender" não viesse carregada de conotações místicas. Quando você percebe que pode "ir além" em qualquer situação, transcender põe seus pés no chão. O conflito é a natureza da dualidade. Resolver conflitos é a natureza da integralidade. Isso é natural. Quando você não é só preto e branco, bom ou mau, luz ou trevas, mas os dois lados simultaneamente, o conflito se dissipa. O primeiro passo é o mais importante. Pare de se comprometer com a dualidade. Pare de taxar, de culpar, de recriminar. Largue as fantasias de mostrar ao mundo que você tem razão e aos outros que eles estão errados. Mentores espirituais dão esse conselho há séculos. Lembre-se do que os vedas proclamam: "Você não está no mundo. O mundo está em você." Jesus ensinou que o reino dos céus está dentro de nós. Não faltam ensinamentos quanto ao caminho para a união.

Mas as pessoas não dão atenção a esses ensinamentos, pois o mundo invisível tem muita influência, e boa parte dessa influência é sombria. A integralidade só é real quando os conflitos ocultos na sua vida estão resolvidos. Deixe-me esquematizar tais conflitos em ordem crescente, começando pelo nível mais básico, tal como deve sentir uma criança indefesa. Cada conflito se torna mais difícil que o anterior, até chegarmos ao nível do conflito espiritual, que é como uma guerra dentro de sua alma.

O conflito entre se sentir e não se sentir seguro.

O conflito entre amor e medo.

O conflito entre desejo e necessidade.

O conflito entre aceitação e rejeição.

O conflito entre um e muitos.

Esses conflitos englobam todos e vão muito além do indivíduo. Pense nos países que proclamam a paz, mas se sentem tão inseguros que suas energias de fato recaem em armamento e defesa. Eles não resolveram o problema básico em relação a como se sentirem seguros. Pense nas vezes que você quis expressar amor por alguém, mas se sentiu com medo e vulnerável. Você está na mesma posição de facções em guerra civil, que não conseguem se abraçar como um povo. O conflito está entrelaçado em tudo, desde relacionamentos até a diplomacia internacional.

## Segurança *versus* insegurança

*A solução: firmar-se na sua verdade.*

O que é preciso para sentir segurança em um mundo incerto que está além do nosso controle? Os grandes sábios e mentores baseavam suas respostas no axioma fundamental de que a dualidade é insegura e a integralidade é segura. Esta é uma das grandes lições que foram esquecidas. Muitas pessoas se empenham para se sentirem seguras armando suas defesas. Elas se isolam dos elementos mais assustadores da sociedade. Elas forram sua existência com dinheiro e posses. Elas trancam as portas e rezam para que uma catástrofe invisível não as acometa. Essas táticas derivam de uma crença primitiva que diz que, se seu corpo está a salvo, você tem segurança. Talvez tenhamos herdado essa predisposição; talvez ela se encaixe em nosso modo de vida materialista. As pessoas de eras passadas não se sentiam seguras a não ser que os deuses, ou Deus, aprovassem o que elas faziam. Com esse objetivo, elas toleravam a pobreza enquanto a religião organizada lhes dissesse que suas almas tinham salvação garantida.

A visão moderna é a de que a segurança é psicológica. Para se sentir seguro no mundo, você tem que encontrar a chave interna da segurança. Casas, dinheiro e posses são irrelevantes. Aliás, entre as pessoas mais inseguras estão aquelas que se sentiram impelidas aos excessos da riqueza e do sucesso. A chave para se sentir psicologicamente seguro é ilusória. A psicologia freudiana define que a criação nos primeiros três anos determina o quanto a criança se sente segura ao crescer. A psicologia junguiana defende que se sentir inseguro está enraizado na *psique* coletiva e especificamente na sombra, com seu fundamento compartilhado de medo e ansiedade. Mas, se você conferir os resultados de um século de terapia, vai ver que a resposta psicológica mal funcionou em ambos os casos. Tanta perspicácia e brilhantismo levaram a pouco mais que a ascensão do Prozac e uma geração de terapeutas que passa a maior parte do tempo prescrevendo medicamentos.

Você vai se sentir em segurança quando descobrir que tem um *self* central. Ele existe na sua origem, como vimos. Nela, não há divisão e, assim, o mundo externo não tem como ameaçar o mundo interno. A ansiedade precisa de um foco externo, seja a memória de um trauma passado ou de um medo flutuante que gera temor simplesmente porque o que vem a seguir é desconhecido. Seu *self* central é estável e permanente; ele não tem nada a temer com a mudança. O desconhecido é necessário para a mudança. Quando você aceita esse fato, o mundo se transforma de um lugar de risco constante em um *playground* do inesperado.

## Amor *versus* medo

*A solução: alinhar-se com o amor como uma força interior.*

No instante em que você se sente em segurança, sabe que tem o direito de estar lá. Para sentir parte disso, contudo, você tem que sentir que recebe amor. O amor é o conforto em sentir que alguém tem apreço por você. O oposto do amor, pelo qual muitos passam, é se sentir como uma ínfima partícula em um mundo caótico. A única reação coerente a uma situação destas é o medo. A religião tem feito tentativas de oferecer garantia total e plena de que Deus ama cada um de nós, mas ao mesmo tempo se agarra à imagem de um Deus temível e vingativo. O motivo para essa dualidade nunca se resolver é misterioso. Nunca acontecerá de alguém encontrar Deus e perguntar se Ele realmente nos ama ou nos detesta, se nos quer salvos ou condenados. De Moisés a Maomé, o divino sempre foi confrontado e questionado quanto à mesma coisa. A resposta sempre parece ser as duas coisas.

Para fugir do medo, confiar em um Deus amoroso não vai dar certo, porque isso é ou uma opção intelectual, sempre aberta a dúvidas, ou uma opção emocional, sempre aberta à dor. Enquanto você puder duvidar ou se magoar, o amor divino não soará confiável. Ainda assim, na consciência conseguimos sentir o fluxo do amor como força constante, não uma veneta pessoal da divindade. Os antigos *rishis* da Índia afirmavam que a alegria (*ananda* em sânscrito) não se ganha nem se perde. Ela está embutida na natureza da consciência. A alegria em sua forma mais pura está no êxtase, no gozo, no arrebatamento. Mas a consciência se desdobra de não visível a visível. Conforme este desdobrar acontece, a alegria se torna um aspecto da natureza que tem várias qualidades:

A alegria é dinâmica — ela se movimenta e se transforma.

A alegria é evolutiva — ela cresce.

A alegria é difusa — ela quer adentrar em tudo.

A alegria é desejosa — ela busca a realização.

A alegria é inspiradora — ela cresce ao criar novas formas para habitar.

A alegria é unificadora — ela derruba fronteiras que separam.

No Ocidente, atribuímos essas qualidades ao amor, que é a alegria com outro nome. O amor faz dois corações virarem um só. O amor inspira a alta poesia e as obras de arte. Ele derruba as barreiras entre as pessoas. Existe uma tradição que venera o amor que remonta a todos os registros do tempo. Mas não há dúvida de que vivemos numa era sem amor, graças ao ceticismo e ao materialismo. Nenhuma dessas forças surgiu para renunciar ao amor, mas o reduziram a compostos químicos no cérebro, condicionamento psicológico, pais bons ou ruins e saúde mental. Nenhuma dessas coisas é inteiramente negativa; elas levam a constatações valiosas. No entanto, para o bem ou para o mal, a tradição de exaltar o amor como algo sagrado foi enfraquecida. O que sobra é que cada pessoa deve descobrir se a força do amor é algo que pode se sentir; buscar o amor se tornou outra forma de busca espiritual.

Tenho grande afeição pela tecnologia e pelos apetrechos tecnológicos, e um deles é o Twitter. Comecei a enviar e a receber tuítes aos montes, e a atividade me pareceu sedutora. Um dia, chegou a seguinte pergunta em um tuíte: "Estou em busca de amor. Como vou achar o certo? Ele existe?" Imediatamente tuitei de volta: "Pare de procurar pelo certo. Seja o certo." Foi uma resposta instintiva e me surpreendi ao descobrir que minha resposta havia sido retuitada (ou seja, encaminhada) a dois milhões de pessoas. O motivo pelo qual a resposta parecia tão inovadora, como vim a perceber, é que o amor virou um problema de tal dimensão que as pessoas ficam genuinamente desnorteadas em relação a onde ele existe. Uma resposta que me pareceu natural era exótica para muitos.

O que é preciso para *ser* o certo, ou seja, encontrar o amor dentro de si? Você precisa da ausência do medo. O amor não precisa ser perseguido. Assim como o ar que você respira, ele existe como parte da natureza; é um pressuposto. Ainda assim, tal como qualquer aspecto do seu *self* central, ele pode ser mascarado. Aliás, o amor externo costuma ser irrelevante. Uma pessoa deprimida e ansiosa ou que tem uma noção prejudicada do *self* não reagirá facilmente (às vezes não reagirá de modo algum) a gestos de amor de outro indivíduo. Para encontrar o amor, você tem que estar apto a se ver como amável. O *self* central tem uma visão simples — "eu sou o amor" — porque na origem é exatamente isso que você é. Mas, em um mundo de valores conflitantes, essa afirmação simples se torna confusa e complexa. A névoa da ilusão cria o medo. Remova o medo; o que restará é amor.

## Desejo *versus* necessidade

*A solução: consciência sem escolhas.*

"Tem que ser assim." Quantas vezes você já ouviu essas palavras ou pensou nelas? A vida nos apresenta impasses. Queremos fazer uma coisa, mas há um obstáculo no caminho. Talvez alguém de ego inflado diga: "Do meu jeito ou nada feito." O mais comum é que duas pessoas fiquem travadas porque não conseguem se comunicar. Em um extremo está a compulsão psicológica, tal como as fobias ("Tenho muito medo de X") e obsessões ("Não consigo tirar Y da cabeça"). Parecem situações muito diferentes. Um marido que se recusa a fazer terapia de casal não lembra, obviamente, uma pessoa com fobia que não suporta alturas ou um obsessivo-

-compulsivo que lava as mãos vinte vezes ao dia. Mas há um denominador comum entre eles. Todos estão encurralados entre o desejo e a necessidade. O resultado também é o mesmo: eles não têm mais liberdade de escolha.

Desperdiça-se energia infinita tentando superar impasses. Convocamos mediadores, negociadores e juízes para acertar disputas, mas no cômpito final a parte que perde sempre se sente lesada. O conflito pode ser resolvido superficialmente, mas não no âmago. Vamos a médicos e terapeutas na esperança de que alguma doença seja diagnosticada e tratada. Sobre isto, pelo menos, há uma chance de olhar com mais profundidade. Mas o diagnóstico costuma ser muito mais fácil do que o tratamento. O Prozac e antidepressivos similares se provaram eficientes para suprimir os sintomas do transtorno obsessivo-compulsivo (TOC), mas não para curar a situação subjacente, que retorna se o paciente largar a medicação.

Ainda assim, não importa o quanto você seja hábil em negociar, não importa o quanto tenha de diplomacia e de empatia: o conflito entre desejo e necessidade não tem como se resolver por completo. A vida em si apresenta situações em que você não pode ter o que precisa. Nem todo mundo se casa com o homem ou com a mulher de seus sonhos. O fracasso nos negócios é sempre uma possibilidade. Vencer está fora do alcance da pessoa. Para os pessimistas, há mais frustrações do que satisfações inerentes à vida. Os sábios e os guias de cada saber tradicional já viam que o desejo costuma estar travado. Surpreende, portanto, que a tradição védica da Índia raramente trate de resignação, paciência e sacrifício pessoal como virtudes. Em vez disso, a sabedoria mais profunda da Índia ensina que existe um estado chamado de "consciência sem escolhas". À primeira vista, parece um sinônimo de desistência. Você não faz uma escolha; apenas desiste de tomar partido.

Temos que ser claros: a consciência sem escolhas não tem a ver com desistir do que você quer. Tem a ver com deixar de se dedicar ao que o ego deseja e se dedicar ao que o universo quer. Na consciência sem escolhas, você deixa a consciência tomar todas as decisões. Em outras palavras, aquilo que você quer também é a melhor coisa que poderia querer. Nesse estado de consciência, segundo os antigos *rishis*, não há resistência de fora nem de dentro. A natureza efetiva seus desejos por meio de uma força cósmica conhecida como *darma*. É um termo muito fluido. Para a pessoa mediana na Índia, estar no seu *darma* significa ter encontrado o trabalho certo e conseguir se comportar do jeito correto. Trata-se da vida correta ou com virtude. Em um nível mais profundo, estar no seu *darma* significa que você está na trilha espiritual adequada. Você está seguindo os preceitos de sua religião e não cairá em armadilhas pelo caminho.

Mas nenhum desses estados soluciona o conflito entre "eu quero" e "eu preciso". Desejo e necessidade continuam em guerra. No mínimo, pessoas dignas se veem atadas a mais deveres e obrigações que gente comum, já que religiões de toda estirpe têm muitas demandas e tentam refrear todo tipo de desejo. Apenas a consciência sem escolhas faz o conflito chegar ao fim, pois, ao se atingir esse nível de consciência, o que você quer também é o que você precisa fazer, pelo seu bem e pelo bem do mundo inteiro.

Na consciência sem escolhas, ninguém precisa lhe dizer as regras do *darma*. Em vez disso, você o assimilou — de fato vive o axioma "Eu não estou no mundo; o mundo está em mim". Sustentar tal estado exige crescimento pessoal dedicado, mas todo mundo já passou por momentos como os seguintes:

Você não tem preocupações.

Culpa e autocondenação estão ausentes.

Você sente que age do jeito correto.

As condições externas não lhe sabotam.

Outras pessoas cooperam sem oferecer resistência.

Os frutos de suas ações são positivos.

O desejo se encerra com uma sensação de realização e satisfação.

Como você pode perceber, é uma combinação especial de ingredientes. Mas ao se alinhar com a força do *darma*, você encontra seu estado normal. Não basta conseguir o que você quer. Muitas pessoas, se tiverem poder e dinheiro, conseguem satisfazer seus mínimos caprichos sem grande esforço. Mas as sensações de satisfação e realização são muito mais raras e, geralmente, o usufruto do poder e do dinheiro só inflama os desejos da pessoa e a leva à insatisfação mais profunda. Você não tem como satisfazer seu ego dando tudo que ele quer, pois todo motivo para sua existência é acumular. Ele quer mais dinheiro, posses, *status*, amor, poder e assim por diante. O maquinário é fixo; ele roda conforme um programa já definido, impossível de reprogramar. Os desejos do ego são superficiais. Sua verdade não tem ego. Você não mira o ganho; não teme a perda. Quando você se entrega, está calculando, em segredo, o que ganhará em troca.

Nossa sorte é que existe outro jeito de ver o mundo. Não da perspectiva do ego, mas de além dele, onde existe a integralidade. Conforme o domínio do ego é enfraquecido, há a sutil fusão do "eu quero" com o "eu devo". Comportar-se como *darma* — a vontade de Deus — seria se comportar de modo totalmente natural. Você sendo apenas você.

## Aceitação *versus* rejeição

*A solução: conscientização irrestrita.*

O medo da rejeição incapacita milhões. Torna o amor não correspondido uma tragédia entendida em qualquer cultura. Em termos espirituais, você só é rejeitado caso se rejeite. Quando alguém rejeita você, a dor parece imposta e você é a vítima. Para compreender como funciona a rejeição, portanto, precisamos entender a recriminação mais a fundo. Não é um tópico novo, mas há algo novo a acrescentar. Toda recriminação se resume em se recriminar. Recriminar-se tem várias formas, tal como o medo do fracasso, a sensação de vitimização, a falta de confiança geral e assim por diante. Em boa parte do tempo se tem apenas uma vaga sensação de "Não sou bom o bastante" ou "Não importa o quanto eu consiga, na verdade, sou uma fraude".

Muita gente chega a uma solução falsa. Criam uma imagem idealizada e tentam viver de acordo com esta e convencer o mundo de que é isso que são. (Daí a lenda da cantada perfeita que sempre funciona com as mulheres em bares de solteiros, uma fantasia desesperada de que a pessoa pode se conectar só a partir da imagem.) Uma imagem de si idealizada pode ser tão convincente que você chega a se convencer. Quantos investidores, no rastro da ganância desenfreada que quase derrubou a economia mundial em 2008, continuaram vendo-se não só como inocentes, mas como superiores aos desastres que provocaram?

O *self* idealizado parece um modelo de aceitação. Ele diz: "O que você está fazendo é certo. Você está no controle. Ninguém pode lhe fazer mal. Apenas continue sendo o que é." Blindado dessa forma, é difícil você errar e, caso erre, seus delitos são rapidamente encobertos e esquecidos. A beleza de ter uma imagem ideal de si é que você se sente bem em relação a quem é. A imagem toma o lugar da dura realidade.

Como você já devia esperar, a sombra tem algo a dizer sobre o assunto. Na maioria das vezes, acontece de um ícone da retidão, em geral um pastor ou um moralista popular, afundar-se num escândalo. Invariavelmente estes indivíduos cometeram os pecados dos quais acusavam os outros — a conduta sexual indevida é a mais comum. Cínicos, imaginamos que esses Elmer Gantrys* sejam hipócritas de marca maior, que vivem na farsa da virtude pública para que pratiquem seus vícios no privado.

Na realidade, os ícones caídos são exemplos extremados da imagem de si idealizada. Os poderes de negação que eles têm são sobre-humanos. A sombra não os alcançava. Então, quando a sombra emergiu, uma enorme sensação de culpa e vergonha veio junto. Assim que eles caem, esses santos profissionais se permitem extremos de expiação pública. Mesmo quando estão em contrição, nada parece real.

Se você recua do espetáculo, contudo, o drama inteiro poderia ser evitado. Uma imagem de si idealizada não é uma solução viável. Só a verdadeira aceitação de si o é. Quando isso acontece, não há o que os outros possam rejeitar. O que não significa que você terá amor universal. Alguém ainda pode partir. Mas, caso isso aconteça, você não vai sentir aquilo como uma rejeição. Não será uma mágoa emocional. Como saber se você está caindo em uma falsa noção de si, que é justamente o que é a imagem de si idealizada? Você terá posturas como essas:

"Eu não sou igual a essa gente. Eu sou melhor."

"Eu nunca saí da linha."

---

* Protagonista do livro homônimo (1927) de Sinclair Lewis (1885-1951), Elmer Gantry é o pastor de uma igreja fundamentalista que viaja pelo interior dos Estados Unidos pregando fervorosamente contra os pecados e vendendo a penitência; em privado, Gantry é de uma ganância sem tamanho e sexualmente imoral. O livro foi adaptado para o cinema em 1960 pelo diretor James L. Brooks, tendo Burt Lancaster no papel principal. No Brasil, ganhou o título *Entre Deus e o pecado*. [N. do T.]

"Deus tem orgulho de mim."

"Criminosos e malfeitores não são nem humanos."

"Todo mundo vê como eu sou bom. Mesmo assim, preciso lembrar a todos."

"Se eu não tenho ideias erradas, por que os outros têm?"

"Eu já sei quem sou e o que preciso fazer. Não tenho dilemas."

"Sou um modelo de conduta."

"A virtude não se recompensa. Quero validação das minhas boas ações."

Desmantelar a imagem ideal que você tem de si é um desafio, pois ela é muito mais uma defesa sutil do que uma simples negação. A negação é a cegueira; a imagem de si idealizada é pura sedução. A saída é superar todas as imagens. Não há necessidade de defender quem você é por essência. Sua verdade é aceitável não porque você é uma pessoa ótima, mas porque é uma pessoa completa. Tudo que é humano lhe pertence.

O aliado mais importante é a consciência. A recriminação constringe. Quando taxa a si ou aos outros de ruins, errados, inferiores, indignos e assim por diante, você está enxergando por uma lente estreita. Amplie sua visão e você estará ciente de que todos, por mais imperfeitos que sejam, são integrados no maior nível que há. Quanto mais você estiver ciente, mais vai se aceitar. Não é uma solução instantânea. Você tem que passar algum tempo observando todas as sensações que negou, suprimiu ou disfarçou. Por sorte, elas são temporárias; você pode ir além. Não há o que rejeitar; só muito a se trabalhar. É assim que uma figura como Jesus ou Buda podia ter compaixão por todos. Ao ver a integralidade por trás do jogo de luzes e trevas, eles não viram motivo para culpa. O mesmo

## 88 | O EFEITO SOMBRA

vale na trilha espiritual que você segue. À medida que se enxerga como uma pessoa mais completa, terá maior compaixão por suas falhas e, assim, chegará à plena aceitação de si.

## Um *versus* muitos

*A solução: render-se a ser.*

Por fim, chegamos à guerra em sua alma. Nesse nível, o conflito é muito sutil, o que soa estranho, pois nossa tendência é pensar que a batalha cósmica entre Deus e Satã deve ser titânica. Na verdade, ela é muito delicada. Conforme se aproxima do seu verdadeiro *self*, você começa a sentir que faz parte de tudo. As fronteiras amolecem e somem. Há uma jubilosa sensação de mescla. Por mais bela que esta experiência seja, surge uma última resistência. O ego diz "E eu? Eu não quero morrer", como a Bruxa Má de *O Mágico de Oz*, cujas últimas palavras foram "Estou derretendo, estou derretendo!". O ego tem sido de uma utilidade incrível. Ele guiou você por um mundo de diversidade infinita. Agora você está prestes a ter a experiência da unidade. Não é à toa que o ego se sinta ameaçado — ele percebe que sua utilidade (e seu domínio) chegou ao fim.

O ego confunde rendição com morte. A integralidade envolve rendição. Você se livra de um jeito de se perceber e, no lugar deste, emerge um novo jeito. "Rendição" não é uma palavra bem-vinda ao ego, pois ela conota fracasso, perda de controle, passividade, fim do poder. Quando perde uma discussão, você não está se rendendo ao vencedor? É claro. Qualquer situação expressa em termos de vencer e perder faz a rendição parecer uma fraqueza, uma vergonha, deprimente e indigna. No entanto, todas essas sensações são do nível do ego. Vista sem o ego, a rendição se torna natural e desejável. Uma mãe que dá a seus filhos o que eles precisam não está perdendo, mesmo se pudesse dizer que ela está sacrificando suas necessidades em prol dos filhos. O que seria uma perspectiva falsa. Quando se entrega por amor, você não perde nada. Aliás, a rendição amorosa é como um ganho. Sua sensação de *self* se amplia para mais que necessidades e desejos guiados pelo ego — estes nunca levam ao amor.

A rendição não é da mente. Você não tem como chegar lá com o pensamento. Em vez disso, você tem que fazer uma jornada à consciência pura, antes de surgirem as palavras e os pensamentos. Esse é todo o propósito da meditação, de levar uma pessoa além da mente pensante, o que significa ir além do conflito. É fácil crer que hoje em dia todo mundo sabe meditar. Se você tentou e desistiu, sugiro que tente de novo. Nem todas as meditações são iguais. Pode ser que você tenha aprendido a meditar como forma de relaxamento ou de escape do estresse, ou como uma rota para chegar ao silêncio. São todos resultados verídicos, mas de meta muito tímida. O efeito mais profundo da meditação é transformar sua consciência. Se você não está expandindo sua consciência, o propósito real de entrar no seu âmago se perdeu.

O que não quer dizer que devemos taxar de errado qualquer tipo de meditação. Mas tem que haver uma justeza íntima que lhe é apropriada. Já vi gente que evoluiu muito rápido usando uma meditação simples do coração, na qual se sentam em silêncio e dirigem sua atenção a seus corações, e outros que se beneficiaram em seguir a inspiração e a expiração sentados e de olhos fechados. Eventualmente a pessoa almeja experimentar sua verdade por completo. Isso se alcança entrando na meditação com mantras, que teve origem na Índia dos vedas ou na técnica vipassana do budismo, para ficar em apenas dois métodos comprovados. Independentemente de qual adotar, é preciso ter atenção à sua visão da integralidade. Você não vai querer transformar a meditação em outro tipo de condicionamento, no qual sua mente se convence de que está pacífica ou encontrou o silêncio quando ambos são apenas humores agradáveis ou hábitos. (À sua franqueza habitual, Krishnamurti alertou que a pior coisa que uma trilha espiritual pode fazer é dar o que você espera. Em vez de alcançar a verdade, a trilha simplesmente transformou você em uma versão do seu antigo *self*, mas "melhorada" por se sentir e parecer melhor.)

A sombra é da negação, da resistência, dos medos ocultos e das esperanças reprimidas. Portanto, se a meditação está funcionando, esses aspectos vão começar a diminuir. Você devia sentir o seguinte na sua trilha espiritual:

Você não tem mais que lutar para viver.

Você se sente e age com mais espontaneidade.

O mundo não traz mais reflexões negativas.

Seus desejos se cumprem mais facilmente.

Você encontra a felicidade na simplicidade da existência. Estar aqui já basta.

Você ganha em autoconsciência, sabendo quem é de verdade.

Você se sente incluído na integralidade da vida.

Se parecem metas ideais, elas também são nobres e plenamente alcançáveis. Aliás, caso passem meses e você não sinta essas coisas, precisa dar alguns passos para trás e repensar seu trajeto. Não estou sugerindo que sua prática está errada ou incorreta. Há calmarias e atrasos na evolução pessoal de todos, pois elaborar algumas questões leva tempo. Boa parte dessa elaboração se dá longe da vista, nos confins mais profundos do inconsciente. Os artistas têm plena ciência disto; a musa deles não atende segundo uma agenda. Por outro lado, pode haver sérios motivos pelos quais sua verdade não se desvela:

Excesso de estresse

Pressões emocionais

Distrações

Depressão e ansiedade

Falta de disciplina ou de compromisso

Intenções conflitantes — buscar mais de um jeito de viver

A trilha espiritual traz tudo — ela pode resolver todos os conflitos. Mas, se pedimos uma panaceia, é porque estamos esperando demais. O desabrochar espiritual é delicado. Não se tem como alcançá-lo quando a mente está muito agitada ou sua atenção é oprimida pelo estresse e por outras pressões externas. Em outras palavras, a integralidade é a cura de todos os males, mas não é a cura instantânea. Você precisa preparar as condições certas para entrar no seu âmago. Para isso, tem-se que lidar com cada um dos obstáculos que listei. Estresse, depressão, ansiedade e distrações não vão terminar de repente só porque você ficou meia hora sentado com os olhos fechados. Espero que eu não soe muito áspero, pois, quando você executa até passos bem pequenos para preparar terreno para a meditação, essa atitude rende resultados que não se pode ter de outra maneira. Essa é a estrada nobre da consciência, e a consciência é integrada.

## Em resumo

Vou encerrar tal como comecei, com o mesmo impulso de um médico quanto ao diagnóstico, tratamento e prognóstico. A sombra ludibriou e sobreviveu a muitas abordagens, mas algumas pessoas tiveram sucesso, e não só grandes nomes como Jesus e Buda. A força da evolução é infinitamente mais forte que os obstáculos em seu caminho. Basta você olhar à sua volta, enxergando o mundo natural, para ver a prova de que a beleza, a forma, a ordem e o crescimento sobreviveram bilhões de anos. Ao lidar com sua sombra, você se alinha com o mesmo poder infinito. No final das contas, os requisitos não são complexos:

1. Reconheça sua sombra quando ela traz negatividade à sua vida.

2. Aceite e perdoe sua sombra. Transforme um obstáculo indesejado em aliado.

3. Pergunte-se que condições suscitam a sombra: estresse, anonimato, licença para fazer o mal, pressão dos colegas, passividade, condições desumanas, mentalidade "nós contra eles".

4. Compartilhe suas sensações com quem você confia: terapeutas, amigos de confiança, bons ouvintes, conselheiros ou confidentes.

5. Inclua um componente corporal: esforço físico, liberação de energia, respiração *yogi*, cura com as mãos.

6. Para mudar o coletivo, mude você — projetar "neles" e recriminar "eles" como malfeitores só aumenta o poder da sombra.

7. Pratique a meditação para sentir a consciência pura, que está além da sombra.

Apresente uma perspectiva de união como solução para a sombra. No instante em que a vida fica dividida entre bem e mal, o *self* segue o mesmo caminho. Um *self* dividido não consegue se fazer integrado. Deve haver outro nível da vida que já é completo. Ao lançar o olhar sobre o mundo invisível, os antigos sábios indianos perceberam que ele era indescritível. Os escritos védicos de milhares de anos atrás foram os primeiros a declarar: "Os que sabem daquilo não falam daquilo. Os que falam daquilo não sabem daquilo."

Mas é claro que o povo não se animou ao ouvir esse ensinamento. Eles queriam apoio para problemas cotidianos. Se não há como transformar uma perspectiva em prática, ela é árida e inútil. Os antigos sábios não queriam desestimular quem os ouvia. Pelo contrário: queriam dar um mapa confiável, e este leva justamente à consciência da unidade. Minha meta nesta seção do livro foi desenhar o mesmo mapa com cores modernas e fortes. Agora cabe a você segui-lo. A sombra não é um oponente temível, e sim digno. Por mais poderosa que ela seja, o poder da integralidade é infinitamente maior e, graças a um milagre da criação, ele está ao seu alcance.

# SEÇÃO

# II

# Fazendo as pazes conosco, com os outros e com o mundo

## DEBBIE FORD

Investiga-se, analisa-se e escreve-se sobre a história do ser humano e da *psique* humana desde o princípio da nossa existência. Embora ela tenha sido pesquisada e dissecada por cientistas brilhantes, investigada e explicada pelos maiores intelectos de todos os tempos, a maioria de nós ainda vive na escuridão, perplexos com o comportamento de nossos amigos, familiares, ídolos e — mais frequentemente — com o nosso próprio. Decepcionados com a condição de nossas vidas, seguimos adiante a cada dia torcendo para que nossos impulsos sombrios e nosso mau comportamento milagrosamente desapareçam.

Repetidas vezes, magoados com as falhas das quais não conseguimos nos livrar, oramos em silêncio para encontrar a coragem de desistir da procrastinação, do excesso de gasto, do chocolate, do rancor, da língua ferina. No entanto, seguimos sucumbindo a nossos impulsos mais vis, sabotando nossos desejos e desprezando nosso futuro. Para esconder nosso descontentamento, vestimos um sorriso, armamos a melhor cara de "está tudo bem" e continuamos a agir de maneiras que comprometem nossa autoestima e arrasam nossos planos.

Na criação dos filhos, na busca pelo sucesso, na luta para reservar o bastante para as férias ou para a aposentadoria, as respostas para as perguntas que nos ajudarão a crescer passam batidas. Nossa ânsia mais profunda, a de entender nós mesmos, fica afogada entre o noticiário, os problemas de família, as crises de saúde ou mesmo uma gripe comum. Um vizinho indignado, um ex ressabiado, ou uma criança que perdeu o rumo vai sugar nossas horas e contas bancárias enquanto distorce nossas mentes a crer que não podemos ter e nunca teremos tudo que queremos. Às vezes chegamos a esquecer que já quisemos algo diferente do que temos. A repetitividade da nossa memória tóxica pode nos seduzir a aceitar mais do mesmo durante anos e se desperdiçar em uma existência medíocre que não corresponde às nossas expectativas.

Infelizmente, esse jeito de sobreviver nos priva da capacidade de viver a vida que devíamos. A dor emocional que emerge como parte do cotidiano nos dá vontade de sumir com o passado e nos deixa resignados quanto ao futuro. Se sentimos que fomos enganados ou trapaceados ou que agimos fora do normal, nos tornamos vítimas do passado e indefesos quanto ao que está por vir. Cínicos e céticos, viramos vítimas da recriminação, optando por apontar o dedo para os outros em vez de olhar para dentro de nós mesmos em busca das respostas para a aflição. A natureza robótica do nosso *self* egocêntrico se eleva para nos ajudar a superar nossas sensações de insegurança e vergonha, brandindo nossa inocência e proclamando nossas diferenças. Achamos que, se ao menos conseguíssemos que aquela pessoa ou aquela coisa mudasse, nos sentiríamos melhores. Acreditamos que, se lidarmos com esta questão da qual estamos sempre reclamando ou conseguirmos aquela coisa pela qual lutamos, seremos felizes. Em vez de tirar um tempo para derrubar a parede entre o que acreditamos que somos e quem queremos ser, deixamos que a vida ilusória do *self* que existe em nossas mentes assuma o controle.

O problema nesse modo de ver a vida é que ele impede que descubramos nossa verdade e põe em risco os espaços da vida que nos são mais importantes. Quando estamos ocupados em nos proteger dos demônios que espreitam nas trevas, perdemos a chance de nos sentir alegres, contentes e conectados com aqueles que amamos. Decididos a esconder o lado sombrio da nossa natureza, não temos como nos alçar a todo nosso potencial nem sentimos a profundidade e a riqueza de nossas vidas.

Nascemos integrados, e ainda assim a maioria de nós vive como seres humanos parciais. Cada um tem a capacidade de ser parte importante de um todo muito maior. Temos como deixar esse mundo melhor do que encontramos. Devíamos descobrir nossa autenticidade natural — o estado do ser no qual somos inspirados por nós, animados, iluminados, empolgados com quem somos. Fomos feitos para superar a adversidade e manifestar a maior versão da nossa alma individual, não uma versão do *self* que nasceu de uma fantasia. As fantasias exageradas quanto a nossas vidas derivam da dor do potencial não aproveitado, mas os sonhos de verdade são uma realidade pela qual estamos dispostos a trabalhar, a lutar, a ficar acordados até tarde — é um futuro que está ao nosso alcance. E só existe uma coisa que pode nos roubar esse futuro: nossa sombra — nosso lado sombrio, nossos segredos, nossas emoções reprimidas, nossos impulsos ocultos.

O grande psicólogo suíço C. G. Jung nos diz que nossa sombra é a pessoa que não gostaríamos de ser. A sombra pode ser vista no nosso parente que mais recriminamos, no administrador público cujo comportamento condenamos, na celebridade que nos faz sacudir a cabeça com desgosto. Se a entendermos corretamente, chegamos à noção tenebrosa, às vezes preocupante, de que nossa sombra é tudo que nos incomoda, nos aterroriza ou nos enoja, nos outros e em nós. Sabendo disso, começamos a ver que ela é tudo que tentamos esconder daqueles que amamos e tudo que não queremos que outros descubram a nosso respeito.

Nossa sombra é constituída de pensamentos, emoções e impulsos que nos doem ou nos repugnam aceitar. Então, em vez de lidar com eles, nós os reprimimos — nós os trancamos em alguma parte da nossa *psique*, para não ter que sentir o fardo e a vergonha que os acompanha. O poeta e escritor Robert Bly descreve a sombra como uma mochila invisível que cada um de nós carrega nas costas. Conforme crescemos, colocamos nela cada aspecto nosso que a família e os amigos não vão aceitar. Bly acredita que passamos as primeiras décadas de vida enchendo essa mochila e o resto da vida tentando recuperar tudo que escondemos lá dentro.

Nossa sombra, carregada de discursos de pura retórica e de regras hipócritas que nunca iremos seguir, nos leva a louvar alguns e demonizar outros. Começou com aquele professor que nos chamou de burros, o valentão que nos provocava, ou o primeiro amor que nos largou. Todos escondemos e reprimimos momentos carregados de dor, carregados de vergonha e, com o tempo, essas emoções se consolidam em nossa sombra. São os medos que não expressamos, a vergonha que nos horripila, a culpa que nos consome. São todas as questões do passado que nunca encaramos. Nossa sombra pode advir de um momento de definição, e é o caso da maioria, ou pode se acumular ao longo de anos de negação. Conforme a sombra toma forma, começamos a perder acesso a uma porção fundamental da nossa verdade. O que temos de grandioso, o que temos de compaixão e o que temos de autêntico fica enterrado sob as porções de nós das quais nos dissociamos. Então nossa sombra leva a melhor. Ela pode nos ludibriar a crer que somos indignos, incapazes, não merecedores, repulsivos ou burros demais para sermos os protagonistas de nossas vidas.

É o nosso lado sombrio, os aspectos reprimidos e repudiados da nossa personalidade, que nos separa da nossa verdade. O fato é que, seja lá o que tivermos escondido por vergonha ou negado por medo, guarda a chave para destravar um *self* do qual temos orgulho, que nos inspira, que é impelido a agir pela grande visão e por um propósito em vez de um *self* criado de nossas limitações e feridas do passado que não cicatrizaram. É por isso que temos que investigar nossa sombra. É por isso que temos que desvelar e recuperar todo nosso *self*, toda nossa verdade primitiva. É por isso que temos que olhar para dentro de nós no intuito de investigar os alicerces da nossa vida. Ali estão ocultas as plantas baixas, a matriz, uma perspectiva da nossa autenticidade.

O estudo da minha sombra começou na transição de pré-adolescente pateta à adolescente bonitinha. Confusa e sozinha, embarquei na jornada para me encaixar, me adaptar ao mundo. Dei duro para me sentir bem comigo mesma, apesar do fato de ser crivada de inseguranças por todos os lados, desde ser amiga e namorada até ser irmã e filha. Esforcei-me para entender por que me sentia tão mal em relação a quem eu era. As vozes na minha cabeça que pareciam me tragar — já aos doze anos — me encheram de infinitas caraminholas, de ideias sombrias e reações negativas: "Por que você falou aquilo?", "Não seja tola, ele nunca vai gostar de você", "Você é uma imbecil", "Não fique tão alta; as pessoas vão ter ciúme de você" e assim por diante. Eu achava estranho e confuso ouvir essas vozes dentro da minha cabeça, pois num minuto elas me diziam que eu não passava de uma fedelha mimada e podre, e no instante seguinte elas me convenciam de que eu era a melhor, a mais bonita, a mais inteligente, a mais talentosa de todas.

Uma guerra interna assolava minha *psique*. Primeiro era: "Você é demais!" Depois: "Você não passa de uma mentira." "Todo mundo gosta de você por ser gentil e querida" e, minutos depois, "Você é uma vaca de coração gelado que não merece as amigas que tem".

Essas vozes me deixaram confusa quanto a quem eu era. A coexistência de mensagens positivas e os alertas negativos criaram tanta devastação dentro de mim que eu ou chorava histérica ou fazia um esforço tremendo para espalhar boas energias entre quem se dispusesse a aceitar meu amor. Na época chamavam isso de hormônios. O comportamento inconstante de uma menina da minha idade era o esperado, só que o meu era um tanto mais melodramático, o que me valeu na vizinhança o título de rainha do drama. Acabei ganhando um concurso de beleza, só que a coroa veio com muitas projeções negativas da família e muitas risadas dos amigos da família que sabiam da minha vergonha. Comecei a me sentir cada vez mais indefesa quanto a meu falatório interno, até ter certeza de que havia algo de errado comigo e não havia qualquer coisa que eu pudesse fazer para consertar. Tentei com todas as forças silenciar essas vozes, fazer com que elas se calassem, tentando me convencer de que estava bem. Meus momentos de paz e felicidade ficaram cada vez menos frequentes, a não ser que eu tivesse a sorte de me envolver com uma boa música ou brincar com meus amigos. Só que, no silêncio do chuveiro ou na corrida para o colégio de manhã cedo, ficou cada vez mais difícil me libertar das garras de meus demônios internos, cujas vozes pareciam um coral de igreja desafinado. Em vez de me sentir compreensiva, carinhosa e gentil comigo mesma, eu me sentia desesperançada, hostil e com raiva.

Conforme meu desconforto interno cresceu, comecei a buscar o que pudesse silenciar minha cabecinha feia e fizesse eu me sentir melhor comigo mesma. Minha busca por momentos de bem-estar começou com comida: brownies Sara Lee e um litro de Coca-Cola davam conta. Aprendi a entrar sorrateiramente no quarto dos meus pais na hora do jantar, pegar as carteiras dos dois e tirar os trocados que precisava para meu vício. No início foi muito fácil, pois era só atravessar a Avenida 46 de Hollywood, Flórida, para ir da nossa casa à loja de conveniências.

Conforme os meses passaram, aquela dose deixou de ser suficiente. As vozes barulhentas e sombrias que vinham de dentro aprenderam a superar meus momentos água com açúcar. Eu tinha que encontrar algo a mais para lidar com essas intromissões indesejadas e fazer o sorriso voltar ao rosto — mesmo que ele fosse recebido com a voz interna que ameaçava "arrancar esse sorriso da sua cara".

A voracidade interna por me sentir bem ficou maior do que minha necessidade de que gostassem de mim ou que eu fosse percebida como "mocinha decente". Fui vencida pelo impulso de mudar como eu me sentia. Meu vício em açúcar logo se transformou numa coisa maior, quando peguei meu primeiro cigarro e depois comecei a usar drogas. Da maconha, que nunca gostei de verdade, passei aos comprimidos, às codeínas ou aos barbitúricos, como os chamavam naquela época. Daí parti para os psicodélicos, que me levaram a uma pilha de outras substâncias. Conforme meu sucesso em usar drogas para criar momentos de paz total — o mantra de quase toda música de sucesso na época —, impregnei na minha jovem *psique* um jeito de pensar e de me comportar que dizia que, para me sentir bem, eu precisava buscar algo fora de mim.

Com o tempo, descobri que os impulsos de medo que costumavam aparecer no meu comportamento não deviam ser analisados ou expressados, mas sim ocultados ou reprimidos, independentemente de qual fosse o custo. Aos poucos, eu me desprendi de qualquer aparência de criança inocente que já tive e criei uma persona externa que exalava confiança e sucesso. Quanto mais eu brincava com as trevas de meus demônios humanos, mais forte era o impulso de esconder meus sentimentos de vergonha e indignidade. Comecei a compensar meus pontos fracos virando simpática, encantadora, urbana e astuta diante do mundo. Embora tenha me debatido que nem louca com o colégio, por estar muito ocupada com a loucura na minha mente em vez da professora na sala, eu me embrulhei num pacote de espertinha e sabichona com opinião sobre tudo, torcendo para que pudesse enganar todo mundo, incluindo a mim mesma, fazendo crer que não era a irmãzinha boba de Linda e Michael Ford.

Eu via o que as meninas riquinhas vestiam e implorava para meus pais comprarem as versões falsificadas ou, no sábado de manhã, encontrava-me com um grupo de moleques no shopping para roubar o que eu não tinha, desde que ninguém descobrisse que eu era de família judia classe média. Eu não achava que ser judia era legal e já tinha escutado minha dose de "piadas" envolvendo judeus; então analisei como as *shiksas* (as não judias bonitinhas — geralmente loiras) se comportavam e adotei algumas características e condutas para acoplar a minha máscara, cuidadosamente projetada para esconder as falhas e imperfeições que internamente eu tinha.

Era um jogo que, na época, eu nem sabia que jogava. Se eu descobrisse algo a meu respeito que não fosse aceitável a meu ideal de ego, eu buscava no mundo externo algo que fosse aceitável. Com as sensibilidades de uma verdadeira artista, esculpi minha nova versão, criando a ilusão de que era a pessoa que queria ser e não a pessoa que eu temia que fosse. O problema era que, não importava o quanto eu compensasse pelas porções de mim das quais tinha medo ou vergonha, no silêncio da minha mente eu sabia a verdade em relação a quem eu era por trás da máscara que usava em público. Embora alguns conseguissem enxergar por trás da performance criada por mim, eu havia me tornado um ser humano de sucesso porque podia enganar quase todos ao meu redor.

Enganei todo mundo, pois acreditaram no meu showzinho. Consegui engajar pessoas na minha vida feliz, sorrindo e declamando minhas muitas realizações do dia a dia. Ou eu podia convidá-las a embarcar numa das minhas narrativas prediletas — "Coitadinha de mim" —, em que eu interpretava a dama em apuros. Seja como for, eu me tornei uma mestra em me esconder não só dos outros, mas também, e, sobretudo, de mim mesma. Eu não sabia quem eu era ou o que queria. Eu não sabia o que me deixava feliz de verdade ou o que me deixava me sentindo vazia ou desprovida de emoções. Minha sombra estava no controle, mesmo que, com toda minha arrogância, eu acreditasse que estava no comando. O lado sombrio de fato havia vencido, até que minha persona veio abaixo.

Tal como Humpty Dumpty,* que caiu no chão e se quebrou, quando eu tinha 27 anos fui privada da minha persona sabichona, que tinha "tudo sob controle", e me jogaram aos berros num centro de tratamento para viciados. Foi lá que fiquei cara a cara com a Debbie Ford de verdade — com falhas, pontos fracos e qualidades renegadas, assim como com dons, pontos fortes e necessidades ocultas escondidas lá no fundo. Foi lá que eu soube que era mais do que podia imaginar e que não era nada além de uma em seis bilhões de seres humanos lutando para fazer as pazes com seu lado sombrio e suas vulnerabilidades humanas.

Foi durante esse encontro humilhante comigo mesma que me comprometi a aprender quem ou o que eu era e por que me sentia impelida a fazer o que eu fazia. Foi nesse momento crucial da vida que comecei a entender a sombra humana e o efeito que ela tinha sobre minha vida e as vidas daqueles ao meu redor — não como teoria num manual da faculdade, mas como uma mulher que se esforça para lidar com os próprios sentimentos indesejados e suas inseguranças profundas.

Sob o impulso de sensações extremas de solidão que vinham de não entender quem eu era ou por que estava aqui, iniciei a jornada para me tornar íntima do meu lado sombrio, meu *self* da sombra.

---

\* Personagem ficcional de uma rima enigmática do tipo *nursery rhyme* (rimas cantadas por crianças pequenas britânicas). Sua caracterização ganhou notoriedade ao aparecer na obra *Alice Através do Espelho* (1871), de Lewis Carroll (1832-1898), em que é representado por um ovo antropomórfico, com rosto, braços e pernas. Na rima, Humpty Dumpty se quebra no chão e seus cacos não são possíveis de serem reunidos. [N. do R.]

Esse acerto de contas se tornou o ponto de virada para viver uma vida muito além dos meus sonhos mais loucos. Foi o que me levou a estudar esse outro lado, a digladiar com ele e a escrever sobre ele — e não só o meu, mas também, sobre o de centenas de milhares de pessoas que tive o privilégio de guiar ao território do *self* despercebido e à descoberta de uma vida que ainda não haviam vivido.

Não foi minha luz que me levou à sabedoria que compartilhei nos últimos sete livros, mas sim a batalha com meu lado sombrio (e a rendição suprema na guerra interna) que foi minha guia e longa inspiração. São as trevas, das quais passei a primeira parte da minha vida fugindo, que hoje são minha paixão e meu combustível para lidar com outros nessa viagem mágica pela *psique* humana a viver na luz de sua maior expressão. É uma vocação espiritual, é uma voz maior que me pede para lhe perguntar: você está pronto para embarcar nesta jornada de recuperar tudo de si, a luz e as trevas, seu *self* bom e seu gêmeo malvado? Está a postos para voltar ao amor de seu *self*, sua verdade plena, sua autenticidade, em vez de continuar se encurralando na angústia intolerante de um ego desconjuntado?

Aprender a ter intimidade com sua sombra é uma das investigações mais fascinantes e profícuas nas quais se pode embarcar. É uma jornada misteriosa que leva à descoberta de sua maior autenticidade — um lugar onde você se sente à vontade com quem é, onde reconhece suas fraquezas e suas forças, onde pode se deleitar em seus dons, admitir suas imperfeições e admirar sua grandiosidade. Esse *self* que está por trás da máscara de sua persona humana é o *self* que você está emocionado em ser, um *self* que sabe quem é e que honra a jornada humana. É ele que você vai descobrir conforme aceitar mais e mais dos seus aspectos ocultos e renegados; um *self* que lhe oferece a confiança em dizer sua verdade e buscar o que lhe é importante. É irônico que, para encontrar a coragem de levar uma vida autêntica, você tenha que entrar nas salas escuras de seu *self* mais inautêntico. Você tem que confrontar as porções de si de que mais tem medo até encontrar o que tem procurado, pois o mecanismo que o leva a esconder essas trevas é o mesmo que o leva a esconder sua luz. Aquilo do que vem se escondendo pode lhe dar o que você tem se esforçado para alcançar.

## A INFLUÊNCIA DA SOMBRA

De seu lar invisível no fundo da nossa *psique*, a sombra exerce enorme poder sobre nossa vida. Ela determina o que podemos e não podemos fazer, a que teremos atração irresistível e o que faremos quase tudo para evitar. Explica o mistério de nossas atrações e aversões e determina o que vamos amar e o que vamos recriminar e criticar. Nossa sombra influencia qual raça ou classe vamos aprovar ou com qual vamos nos relacionar, se seremos religiosos ou ateus, em que partidos vamos votar, e quais causas vamos apoiar e qual vamos ignorar. Ela nos diz quanto dinheiro temos direito de ganhar e determina se estamos gastando com consciência ou esbanjando. É ela, nosso *self* oculto, que dita a quanto sucesso temos direito ou a quanto fracasso estamos condenados. A sombra determina o grau de atenção ou desatenção que damos a nosso corpo, o peso extra que carregamos na barriga e o nível de prazer que nos autorizamos a sentir, dar e receber. A sombra nos entrega papéis pré-determinados que seguimos às cegas em tudo, do amor ao trabalho. Sem que saibamos, ela é autora de um roteiro pronto que se ativa em momentos de medo, dor ou conflito ou quando estamos cuidando da nossa vida no piloto automático. Se não é analisada, vai emergir das trevas para sabotar nossa vida quando menos esperamos e menos queremos.

Nossa sombra determina se vamos respeitar nossos filhos e confiar que eles vão crescer e se tornar adultos capazes e independentes, ou se vamos tentar moldá-los a ser tudo que ainda não somos. Quando formos postos contra a parede, vamos nos revoltar ou nos retirar para o veneno do silêncio? A sombra é um oráculo que pode prever todos nossos comportamentos e revelar o que nos torna as pessoas que somos. Ela decide se seremos membros produtivos e inspiradores da sociedade ou almas perdidas e invisíveis. Quando a expomos, entendemos como nossa história pessoal dita o modo como tratamos aqueles ao nosso redor — e como tratamos a nós mesmos. Por isso que é imperativo que a desmascaremos e a entendamos. Para tanto, temos que revelar o que escondemos e entendê-la. Nesse intuito, precisamos revelar o que escondemos e nos amigarmos justamente com os impulsos e as características que abominamos.

Nossa sombra determina se teremos uma existência feliz, exitosa e sem estresse ou se vamos nos debater com finanças, relacionamentos, carreira, humor, integridade, imagem pessoal ou vícios. O *I Ching*\* nos diz: "É só quando temos a coragem de encarar as coisas exatamente como são, sem nos enganarmos ou nos iludirmos, que uma luz crescerá a partir dos fatos, pelos quais se identificará o caminho para o sucesso." É só na presença de um compromisso firme em encarar nossos demônios que se abre a porta para a descoberta de si.

Não temos como fazer uma jornada ao lado escuro do mesmo modo que lidamos com um pequeno deslize ou um caso rápido. Entender plenamente nossa sombra requer que estejamos dispos-

---

\* Tradicionalmente traduzido como *Livro das Mutações* ou *Clássico das Mutações*, o *I Ching* ou *Yi Jing* é um texto clássico chinês composto de várias camadas sobrepostas ao longo do tempo e tido como um dos mais antigos e importantes livros de filosofia chinesa, transformado em um texto cosmológico com uma série de comentários filosóficos conhecida como as *Dez Asas*. Segundo essa filosofia, o *I Ching* pode ser entendido e estudado tanto como um oráculo quanto como um livro de sabedoria milenar. Na China, o livro é alvo de estudo por religiosos, filósofos e praticantes da filosofia e do estilo de vida taoísta. [N. do R.]

tos a abrir mão do que achamos que sabemos. Abrir as portas do porão que nós mesmos acorrentamos muitas luas atrás requer a força de um leão enjaulado. A boa notícia é que nascemos com um ardente desejo de evoluir e crescer, de nos abrir, de expandir e de sermos completos. E eu reforço que todos temos ao menos um lugar onde secretamente desejamos ser mais, ter mais, sentir mais. É aqui que a nossa sombra aguarda, paciente, que venhamos recuperar nosso poder dos confins escuros da mente inconsciente.

Quando entramos em contato pela primeira vez com nossa sombra, nosso instinto inicial é dar as costas e o segundo é barganhar com ela para que nos deixe em paz. Muitos de nós gastamos muito tempo e dinheiro tentando fazer isso. Ironicamente, são esses aspectos ocultos e esses sentimentos rejeitados que mais precisam de atenção. Quando trancafiamos as porções que não gostamos, sem saber trancamos nossos dons de maior valor. O motivo para trabalhar a sombra é encontrar a integralidade, acabar com o sofrimento, parar de nos esconder de nós mesmos. Assim que fizermos isso, poderemos parar de nos esconder do restante do mundo.

Temos que abraçar nossa sombra para conhecer a liberdade de viver uma vida transparente, para que nos sintamos com liberdade para convidar outros à nossa vida — deixar que os outros conheçam a verdade sobre nossas finanças, nossos passatempos e nossos relacionamentos — sem sermos dominados pelo medo de que nossa persona pública vai se desvelar, expondo a pessoa que fazemos força para não ser. Quando nossa preciosa energia não está atada a ocultar ou compensar nossos impulsos autodestrutivos, somos abençoados com a clareza e a motivação de que precisamos para construir um inabalável alicerce para um futuro inspirador.

## NOSSO *SELF* DUALISTA

A sombra espreita, engana, esconde-se e nos leva a crer no que podemos e no que não podemos fazer. Ela nos leva a fumar, a apostar, a beber e a comer aquilo que vai nos deixar mal no dia seguinte. Nossa sombra dá vazão a comportamentos hipócritas que nos levam a transgredir os limites que não queremos cruzar e nossa própria integridade. É uma força com a qual só se pode lidar trazendo-a à luz da nossa consciência e analisando do que somos feitos. Possuímos todas as características e emoções humanas, estejam ativas ou dormentes, conscientes ou inconscientes. Não há nada que possamos conceber e não podemos ser. Somos tudo — tanto o que consideramos bom quanto o que consideramos mau. Como saber o que é coragem se nunca soubemos o que é medo? Como saber o que é a felicidade se nunca passamos pela tristeza? Como saber o que é a luz se nunca soubermos o que é a escuridão?

Esses pares de opostos existem dentro de nós porque somos seres dualistas, constituídos por forças opostas. Isso quer dizer que toda qualidade que vemos no outro existe dentro de nós. Somos o microcosmo do macrocosmo, o que significa que, dentro da estrutura do nosso DNA, temos cada característica gravada. Somos capazes tanto de grandes atos de altruísmo quanto dos crimes mais aniquiladores ou que cometemos para nos castigar. Quando vista à plena luz da conscientização, nossa sombra expõe a dualidade e a verdade tanto de nosso *self* humano quanto de nosso *self* divino, pois ambos provaram ser ingredientes essenciais de um ser humano integrado e autêntico.

Temos que desvendar, assumir e aceitar tudo que somos — o bom e o mau, a luz e a escuridão, o altruísmo e o egoísmo, as parcelas honestas e desonestas da nossa personalidade. É nosso direito nato sermos completos, termos tudo. Mas, para tanto, temos que estar dispostos a olhar para nós mesmos com sinceridade e dar um

FAZENDO AS PAZES CONOSCO, COM OS OUTROS E COM O MUNDO | 111

passo além da nossa mente julgadora. É aí que teremos uma mudança transformadora na percepção. É aí que o nosso coração vai se abrir.

A boa notícia é que cada aspecto que possuímos traz dons. Cada emoção e cada característica que possuímos ajuda a nos mostrar a rota para voltar à singularidade. Nosso lado sombrio existe para ressaltar os pontos em que ainda somos incompletos, para nos ensinar amor, compaixão e perdão — não apenas pelos outros, mas também por nós. E, quando a sombra for aceita, ela vai curar nosso coração e nos abriremos a novas oportunidades, novos comportamentos e um novo futuro. Quando aceitarmos nossa sombra, nossas emoções ocultas e as crenças que nos exaurem à luz de nossa conscientização, ela vai transformar o modo como nos vemos, como vemos os outros e como vemos o mundo. Aí estaremos livres.

Lidar com nossa sombra é uma jornada complexa, mas com a segurança de que voltaremos ao amor. Não só ao amor um pelo outro, mas ao amor por cada característica que vive dentro de você e dentro de mim — um sentimento que nos deixa aceitar a riqueza da nossa humanidade e a santidade do nosso lado divino. Após encarar nossos demônios interiores, somos tomados de paz e compaixão na presença do lado sombrio dos outros. Podemos perdoar e renunciar a nossos julgamentos degradantes e a nosso coração ressentido. Podemos acessar a humildade de Gandhi (1869-1948) e a tolerância de Martin Luther King Jr. (1929-1968) e extrair a força e a coragem para lidar com questões que nos assombram. "Lá vou eu, pela graça de Deus eu vou" ganha novo sentido quando podemos ver o mal pela lente universal da nossa humanidade. Explorar esse lado é a porta para entender por que fazemos o que fazemos, por que às vezes agimos de maneiras que são contrárias às vontades de nossa consciência, e o motivo pelo qual passamos incontáveis horas, dias, meses ou anos recriminando os outros e agarrados a rancores que só nos trazem dor de cabeça, dor no coração e falta de alívio.

Todos temos momentos do passado em que nossa dor emocional foi grande demais para aguentar, então nós os reprimimos dentro das trevas de nossa sombra. É uma porção da vida que não se tem como evitar. Podemos correr, mas não nos esconder. Nossa sombra está sempre vinculada àquele fato traumático ou a uma combinação de momentos de dor. Quando de fato entendemos nossa sombra e seus dons, não há dedos para apontar ou culpa a atribuir a nossos pais, a nossos mentores ou ao nosso passado, pois é um mecanismo de acesso a um futuro extraordinário. Entender como ela se formou destranca a porta para uma enorme potência pessoal e uma sabedoria profunda.

## O NASCIMENTO DA SOMBRA

O nascimento da nossa sombra ocorreu quando éramos jovens, antes de nossa mente racional e lógica se desenvolver a ponto de filtrar as mensagens que recebemos dos pais, de quem cuidava de nós e do mundo como um todo. Mesmo com os melhores ao nosso redor, inevitavelmente fomos humilhados por demonstrar certas qualidades. Recebemos a mensagem de que havia algo de errado em nós ou de que, de algum modo, éramos ruins. Quando crianças, talvez tenham nos dito que fazíamos muito barulho. Em vez de abrandar a voz, sabendo que haveria outro momento de falar alto, nosso ego frágil e malformado pode ter entendido esse comentário como sinal de que nossa expressão desacanhada era errada e deveria ser ocultada dos outros. Ou, quem sabe, tenham nos chamado de egoístas porque pegamos mais biscoitos do que devíamos. Em vez de entender que os biscoitos foram feitos para serem divididos, guardamos o significado de que nosso egoísmo era ruim e devia ser extirpado. Ou nos empolgamos e berramos uma resposta na escola primária, e de repente todas as crianças estavam olhando para nós e rindo. Em vez de rir com elas, assimilamos que éramos burros e nunca mais deveríamos arriscar. Essas mensagens negativas ficaram entranhadas no nosso subconsciente como um vírus de computador, alterando a percepção que tínhamos de nós mesmos e levando-nos a desativar os aspectos da nossa personalidade que nós ou os outros consideramos inaceitáveis.

Cada vez que um ato nosso foi recebido com críticas ásperas ou castigo insensível, inconscientemente nos afastamos de nossa autenticidade, de nossa verdade. É assim que estes filtros negativos se firmaram, nos desvencilhamos de nossa alegria, nossa paixão, nosso coração que queria amar. Para garantir nossa sobrevivência emocional, demos início ao processo de encobrir nossa verdade para nos tornarmos quem acreditávamos que seria a versão aceitável do *self*. A cada rejeição, criamos mais divisões internas, armando muros invisíveis cada vez mais densos para proteger nosso coração tenro e sensível. Dia a dia, de experiência em experiência, construímos uma fortaleza invisível que se tornou nosso falso *self*. Essa fortaleza da expressão limitada obscureceu nossa essência, ocultando nossas vulnerabilidades, nossas susceptibilidades e, muitas vezes, nossa capacidade de conhecer e enxergar a verdade sobre quem somos.

Antes de nosso *self* maleável se endurecer e formar um ego ideal mais rígido, tínhamos a liberdade de expressar cada aspecto da nossa humanidade. Tínhamos reações emocionais múltiplas a cada acontecimento na nossa vida. Sem a sobrecarga da vergonha ou da recriminação, tínhamos acesso a todas as porções de nós. Com essa liberdade, poderíamos ser o que quiséssemos a qualquer momento. Não havia restrições internas que nos impedissem de entrar no papel de objeto de atenção procurado ou de meia-irmã malvada e ciumenta. Antes de aprendermos a julgar que uma qualidade seria melhor que outra, tivemos acesso irrestrito a todo modo de expressão que reside dentro de nós. Poderíamos acessar a elegância, o encanto, a coragem, a criatividade, a honestidade, a integridade, a assertividade, a sexualidade, a potência, o brilhantismo, a ganância, o autocontrole, a preguiça, a arrogância e a incompetência com a mesma facilidade com que se troca de roupa.

A vida era uma brincadeira quando deixávamos todas nossas porções existirem. Cada dia era uma oportunidade para a expressão pessoal plena. E o melhor de tudo: se não gostássemos do modo como nossa história estava se desenrolando, bastava entrar numa sala, enrolar uma capa nos ombros, trazer à tona outra personagem e, *voilà*, poderíamos reescrever o roteiro e criar um novo final ou uma história totalmente diferente. Podíamos transformar um drama em comédia ou um épico chato em uma fabulosa aventura. Havia inúmeras possibilidades e nossa curiosidade era explorar todas elas.

Assim que a sombra nasceu, contudo, nossa expressão pessoal ficou sufocada e mais séria. Aprendemos com nossos pais, professores, amigos e sociedade que, para ganhar amor e aceitação, teríamos que aderir a certos roteiros predeterminados. Conforme fomos para o colégio, conforme fomos expostos à mídia e interagimos com um círculo de pessoas mais amplo, observamos que certos traços de comportamento foram demonizados, criticados, ou a eles se negou amor e aceitação enquanto outros foram idolatrados e banhados de atenção. Dessa época em diante, nos distanciamos de qualquer porção nossa que não se encaixasse nos padrões sociais ou nos nossos ideais de ego. Rejeitamos cada vez mais aspectos de nós mesmos por todo tipo de razão — alguns porque pareciam muito ousados, outros por serem muito bobos ou tolos.

Tentamos descobrir maneiras de nos livrar desses aspectos indesejados da nossa persona até que um dia ficamos tão distraídos que esquecemos que existiam. Enquanto todos nos davam mensagens distintas a respeito de qual dos nossos muitos rostos devíamos mostrar ao mundo, ficou mais seguro ouvir as vozes da autoridade em vez de confiar na nossa natureza autêntica. Logo nos descobrimos com uma gama limitada de emoções. Nossa expressão pessoal ficou sufocada; as infinitas possibilidades que estavam à nossa frente reduziram-se a poucas. Aprendemos a isolar a vida e chegamos a ficar à vontade com a encenação. Eventualmente nos identificamos com a personagem interna que acreditávamos ser mais aceitável àqueles ao nosso redor — e há chance de que até hoje estejamos interpretando uma variação desse papel. Podemos fazer pequenas mudanças aqui e ali, mas, quando analisarmos com sinceridade, talvez vejamos que nunca chegamos a nos reinventar por completo. Há chances de que sejamos iguais à maioria — nós temos que nos consertar, remendar as porções de nossas vidas que não estão funcionando e criar uma versão suavemente mais nova do que fomos. Na época em que chegamos aos trinta e poucos anos, a maioria das nossas escolhas em uma ou mais áreas da nossa vida já está predeterminada. Até as roupas que vestimos, as comidas que comemos, os tipos de entretenimento que buscamos e as coisas com as quais fantasiamos chegam a ser repetitivas e monótonas.

Conforme ficamos mais presentes e cientes, começamos a ver o quanto somos robóticos e encurralados dentro das personas que criamos. E podemos optar por tomar medidas proativas para lidar com as sombras que querem nos amarrar, tentando escapar. Se não nos resolvermos com essas sombras, não se engane: elas vão se resolver conosco. Elas vão aparecer nos nossos relacionamentos e nos separar daqueles que amamos, vão nos deixar amarrados a um emprego ou estilo de vida que superamos há tempos, ou vão nos levar ao vício ou a hábitos que minam nosso sucesso e nossa felicidade. Vão nos impedir de perceber os alertas quanto a um relacionamento abusivo ou a péssimos negócios. Vão nos deixar num estado de negação perpétua e, nesse estado, não conseguimos ajudar as pessoas que amamos quando elas mais precisam de nós: quando se deparam com seus próprios demônios.

116 | O EFEITO SOMBRA

Cada um de nós construiu uma identidade fundamentada no ego, na qual nos atribuímos um papel aceitável que eventualmente sufoca nossa expressão pessoal plena. Em vez de sermos quem realmente somos, nos tornamos uma caracterização da pessoa que achamos que "devíamos" ser. Com o tempo, nossa percepção pessoal sufocada se torna solo perfeito para nossas sombras fincarem raízes. Se esse papel foi criado para compensar alguma inadequação que achamos que existia dentro de nós ou uma estratégia para cumprir as expectativas de nossos pais, de quem cuida de nós ou de nossos amigos, se lutamos para cumprir o papel de nosso ego e excluir todos os outros papéis dos quais poderíamos gostar, acabamos criando uma vida desprovida de profundidade, aventura, sentido e sabor. À medida que começamos a levar nossos papéis designados a sério, eles ficam travados na estrutura do nosso ego. Raramente desviamos da identidade que criamos, pois caímos no estado ilusório da negação e começamos a crer que *somos* aquela identidade. Ao olhar os criadores das próprias vidas, a maioria consegue reconhecer as limitações e a repetitividade dos papéis que encenamos.

Evidente que é muito mais fácil identificar os papéis que nossos amigos e familiares estão encenando do que perceber os nossos. Temos como identificar o mártir que vai se voluntariar entre os pais do colégio e ficar com uma dose maior de trabalho (e depois vai reclamar), ou o galanteador da vizinhança que finge ser um superpai, mas trai a esposa em segredo. Sabemos quem gosta de fofocar, quem sabe os podres de todos e de tudo (e sempre quer uma oportunidade de contar). Temos familiaridade com o teatro da rainha do drama da vizinhança, que sempre dá um jeito de ser a vítima (seja porque arranhou o para-choque ou porque o marido não ganhou tanto quanto devia no mês passado). É fácil identificar o eterno otimista que é sempre o rei da festa ou o enrustido que fica passivamente sentado fora da quadra. O incrível é que até o papel que nos designamos é tedioso, desagradável, repetitivo ou infeliz, e nos agarramos a ele como se não houvesse amanhã, o tempo todo racionalizando por que não podemos ser mais do que já somos ou termos mais do que atualmente temos. Sem saber, somos nós mesmos que nos botamos no papel estereotipado, interpretando a mesma versão da personagem ano após ano, e raramente — se é que alguma vez — nos permitimos nos aventurar em um papel com o qual não temos familiaridade ou um nível de expressão pessoal que ainda não conhecemos.

Se agimos conforme o mito de que devemos silenciar, apagar, travar e esconder todas as qualidades que nos tornam interessantes e singulares, abrimos mão do nosso direito a sentir paixão e paz. A busca pela vida perfeita, pelo papel perfeito e pela persona perfeita sempre nos deixará frustrados — mesmo que cheguemos lá — pelo simples motivo de que somos muito mais que o punhado de qualidades que se encaixam no nosso ideal de ego. Ao tentarmos expressar apenas esses aspectos de nós que acreditamos que vão nos garantir a aceitação de outros, suprimimos algumas características mais valiosas e interessantes e nos sentenciamos a uma vida de reencenar o mesmo drama com o mesmo velho roteiro.

Na busca por segurança e previsibilidade, nossa gama de expressão pessoal se reduz e, junto a ela, nossas opções. Quem e o que seremos amanhã geralmente é um aspecto do que fomos ontem, pois só temos acesso aos recursos e comportamentos do *self* que consentem em se mostrar. Ao escorraçar as trevas por temermos a devastação que podem causar, também escorraçamos as parcelas competentes, poderosas, bem-sucedidas, sensuais, engraçadas e brilhantes de nós que anseiam por se expressar. Esta é a raiz do tédio que costumamos sentir em algumas ou muitas áreas da nossa vida.

E ao cortar nossa relação com certos aspectos da nossa personalidade, negamos a nós mesmos acesso a estímulo, animação, paixão e criatividade. Um dos aspectos mais empolgantes de ser humano é que há centenas de parcelas inspiradoras, úteis e poderosas de nós que ficam dormentes, ardendo-se para sair da sombra e se integrar ao total do *self*. Há toda uma variedade de sensações maravilhosas aguardando a oportunidade de perpassar nosso corpo, trazendo-nos novas sensações e novos níveis de felicidade, alegria e prazer. Não temos como apreciar a enormidade de quem somos, pois esquecemos quem somos fora das fronteiras das nossas barreiras internas restritas e das limitações que impomos ao mundo emocional.

Para voltar a ter inspiração em qualquer área da nossa vida, basta olhar e perceber quais aspectos da nossa sombra ou quais personagens foram tirados de vista, encontrar maneiras seguras e apropriadas para eles se expressarem, e convidá-los a voltar ao palco outra vez. Temos que nos desafiar a aceitar todas as faces da nossa humanidade; caso contrário, as personagens que foram expulsas do palco e agora ficam reprimidas vão se tornar orquestradores silenciosos de nossa vida secreta. É só na presença de nosso *self* integrado, sem censura, que podemos entender de modo pleno e estimar nossa totalidade e singularidade. Temos que encontrar um bom uso para cada personagem, ou continuaremos em guerra conosco.

## COMO FAZER AMIZADE COM NOSSA SOMBRA

Para começar a entender como a sombra é essencial, tente imaginar uma história sem conflito ou um herói cuja virtude nunca é testada por um adversário à altura. Não existiria herói de história alguma se não existissem os vilões que o desafiam em sua jornada. Se for verdade o que dizem as tradições da sabedoria oriental, que "o pecador e o santo são faces da mesma moeda", então o conflito entre nossas naturezas mais altivas e vis cria a tensão necessária a impelir nossa evolução como seres humanos. O mesmo conceito que guia nossa literatura se aplica à vida real: *a força de um herói é medida por seus vilões.*

No drama da nossa evolução, a personagem que mais chama atenção é a sombra. A sombra só é perigosa quando a mantemos trancafiada no porão escuro da repressão. É aí que corremos o risco de ela estourar na nossa cara, sabotar nossas dietas, nossos relacionamentos e matar nossos sonhos. Mas, se deixarmos que nossas personagens-sombra sirvam de porções plenas de nosso *self* integrado — como forças animadas e poderosas do bem —, elas nos conduzirão a experiências mais ricas, a conexões mais genuínas, a mais riso, a mais autenticidade e a uma expressão pessoal sincera. A batalha com nosso lado sombrio nunca será vencida pelo ódio e pela repressão; não temos como enfrentar as trevas com trevas. Temos que encontrar a compaixão e aceitar as trevas dentro de nós para entendê-las e, ao fim, transcendê-las.

Em seu influente livro *A arte da guerra,** Sun Tzu sugere que "para conhecer seu inimigo, você deve se tornar seu inimigo". No nosso caso, o inimigo costuma ser um impulso dentro de nós que não entendemos ou com o qual não sabemos lidar. Enquanto ficarmos negando, reprimindo ou minimizando a importância desta e de outras ânsias ocultas, enquanto acreditarmos que nossos impulsos sombrios nunca vão nos alcançar nem ficarão à mostra, sua sabedoria continuará a nos enganar. Ao buscar ativamente os dons e receber a contribuição que nossa sombra tenta fazer, redirecionamos nosso poder destrutivo para virar uma força que pode beneficiar nossa vida. Mais do que isso: tornamo-nos um exemplo para os outros, que podem encontrar escapes sadios para as porções de

---

* *A arte da guerra* é um milenar tratado militar, escrito durante o século IV a.C. pelo general, estrategista e filósofo chinês Sun Tzu (544 a.C.- 496 a.C.), que aborda os aspectos da estratégia de guerra e compõe um panorama de todos os eventos e estratégias que devem ser valorizados em um combate racional. [N. do R.]

si que não se conformam com o roteiro da sociedade ou com seu ideal de ego.

Podemos ser santos ao dar aos pecadores que moram dentro de nós a liberdade da expressão pessoal — não recompensando maus comportamentos, mas vendo como este impulso ou qualidade pode servir a nós ou à sociedade como um todo. Quanto mais aceitação e expressão pessoal encontrarmos para nossos impulsos mais sombrios, menos temos que nos preocupar que eles nos peguem de surpresa. Sei que você pode estar se perguntando como uma porção de si que teme e detesta poderia lhe servir, mas prometo que, conforme passa por esse processo, você verá que há dons a se extrair de cada qualidade, sentimento e experiência.

Retomar essas nossas porções que relegamos à sombra é a via mais confiável para efetivar todo nosso potencial de ser humano. Assim que se torna nossa amiga, nossa sombra vira um mapa divino que — quando devidamente lido e seguido — nos reconecta à vida que deveríamos viver, à pessoa que queríamos ser e às contribuições que queremos dar. Aceitar nossa fera interna é a passagem para a liberdade. É o canal para acessar toda nossa grandiosidade. É o que torna nossa vida interior rica e significativa e nossa vida exterior mais agradável. Ela nos permite gozar da integralidade em vez de ser restringida pelas limitações de um *self* que foi criado por passes de mágica. Por que mágica? Porque, se criamos nossa imagem ou persona pública apenas com as qualidades que consideramos aceitáveis, teremos deixado de fora nossas parcelas mais importantes, potentes e equilibradas.

## NOSSA MÁSCARA-SOMBRA

Desvendar quais são as porções de nós que aprendemos a reprimir é a chave para entender por que gostamos de liberdade em algumas áreas da nossa vida e em outras nos comportamos como robôs. É o medo que nos convence a usar uma dentre infinitas máscaras para se esconder e construir uma persona — um figurino, por assim dizer — para ocultar tudo que realmente somos. Dedicamo-nos incansavelmente a criar uma fachada para que ninguém descubra nosso histórico e nossos pensamentos, desejos e impulsos sombrios. É a sombra do nosso passado que nos levou a criar a face — a máscara — que mostramos ao mundo. Seremos a pessoa que agrada todo mundo ou vamos descansar ficando isolados, distantes e sós? Seremos incansáveis para que nos percebam como perfeccionistas ou nos contentaremos em ficar refestelados na frente da TV, ou caçando fofocas na internet por horas? Nossa persona não foi criada por acidente; foi criada para camuflar as porções de nós mesmos que consideramos mais indesejáveis e para compensar o que acreditamos ser nossas maiores falhas.

O *self* falso está encarregado de uma só missão: esconder todas as nossas porções indesejadas e inaceitáveis. Se ficamos maculados porque fomos criados por pais emocionalmente imprevisíveis, podemos dar duro para apresentar uma imagem de que estamos calmos e com tudo sob controle. Se tivemos uma deficiência de aprendizado quando criança, podemos criar uma personalidade meiga e carinhosa para que os outros não percebam o que vemos como nossa desvantagem. Se temos vergonha do fato de que fomos criados com assistência social, podemos virar o funcionário super motivado que sempre se veste de modo impecável e fala bem. A imagem pública que criamos é tramada pelas porções de nós que ficaram maculadas, magoadas ou confusas. Embora possa enganar os outros e até a nós por certo tempo, eventualmente ficamos frente a frente com as chagas que esta máscara foi erigida para esconder.

Para garantir que nosso *self* defeituoso e imperfeito não seja descoberto nem exposto, astutamente começamos a desenvolver qualidades opostas àquelas que tentamos esconder. Esforçamo-nos para compensar as porções de nós que acreditávamos ser inaceitáveis, torcendo para que consigamos despistar os outros ou nos livrar de emoções ruins associadas a elas. Se éramos crivados de inseguranças, podemos criar uma persona arrogante, sabe-tudo, para convencer os outros de que temos uma confiança enorme. Se nos sentimos um fracasso, podemos nos cercar de quem teve grandes realizações ou exageramos o escopo de nossas próprias iniciativas para parecermos mais bem-sucedidos do que de fato somos. Se nos sentimos indefesos diante da vida, podemos escolher uma carreira ou um parceiro que nos façam sentir mais poderosos.

Nossas personas nos convencem de que não há qualquer coisa que não sabemos a nosso respeito — que, na verdade, somos a pessoa que vemos no espelho e que acreditamos ser. Mas o problema nesse modo de ver é que, assim que aceitamos a história do "é assim que eu sou", fechamos a porta para qualquer outra possibilidade e nos negamos acesso a tudo que podemos ser. Perdemos a capacidade de escolher, pois não podemos fazer algo fora dos limites da personagem que interpretamos. A persona previsível que construímos agora está no controle. Ficamos cegos às imensas possibilidades para nossa vida. É só quando paramos de fingir que somos algo que não somos — quando não sentimos mais necessidade de esconder ou compensar nossos pontos fracos ou nossos dons — que vamos conhecer a liberdade de expressar nossa autenticidade e ter a capacidade de fazer escolhas que se baseiam na vida que desejamos viver. Quando rompemos esse transe e não nos preocupamos mais em relação a como se encaixar, ao que os outros pensam de nós ou ao que nós mesmos pensamos de nós, podemos nos abrir e tirar vantagem das oportunidades que podem passar por nós quando ficamos encurralados dentro de nosso enredo ou por trás da máscara que usamos.

Nosso ideal de ego, o de sermos diferentes do que somos, nos leva ao ponto da exaustão. Lutamos para ser maiores, mais fortes, mais valentes e mais seguros. Sem perceber, nos posicionamos para provar que somos mais, melhores ou diferentes do resto da multidão ou tentamos ficar invisíveis nos encaixando, sem aparecer muito. Corremos para criar a persona exata que acreditamos que vai nos trazer a aprovação e o reconhecimento que tanto precisamos ou, quem sabe, nos dão a desculpa para não viver integralmente e ter uma vida que amamos. E então começamos a agir e a nos comportar de maneiras, conscientes ou inconscientes, que deixarão os outros com os pensamentos, os sentimentos e as impressões que acreditamos que vão nos trazer amor, respeito ou pena — até aquele dia em que as paredes vêm abaixo.

Amanda tinha uma profunda vergonha do fato de nunca ter se formado na faculdade e morria de vergonha pelos parentes da parte materna de sua família virem de bairros humildes e não terem formação. Ela se empenhou em criar uma persona que escondesse seu embaraço e lhe desse boa aparência diante de todos que quisesse impressionar. Ela encontrou um nicho para si num campo especializado, onde era vista como inteligente, prestativa e indispensável. Mas não importava o quanto ela lia ou quanto contribuía no trabalho, ela encerrava a maioria dos dias se sentindo "insuficiente". Para acabar com sua dor, ela decidiu voltar aos estudos, esperando conquistar um diploma universitário que transformasse a moça sem formação que morou num trailer em uma mulher sofisticada e cosmopolita.

Certa noite, ela entrou na aula de psicologia vestida com sua persona profissional. Sentia-se orgulhosa, pois já havia desenvolvido a reputação de mais inteligente da turma. Enquanto a professora detalhava o trabalho da semana, Amanda começou a se encolher assim que sua sombra da vergonha tomou conta. Ela sentiu o corpo inteiro enrijecer ao descobrir que o projeto era criar uma árvore genealógica pessoal detalhadíssima, que mostrasse a formação e as carreiras de todos os integrantes da família. Ao começar o trabalho, tomando nota de todos os familiares que tinham problemas com drogas, instabilidade financeira e educação zero, ela se defrontou com a dor e a vergonha de seu histórico familiar. A sensação assoberbante de não ser boa o suficiente de repente ficou muito grande para esconder em qualquer persona. No fim daquela semana, enquanto lia seu trabalho e repassava sua extensa árvore genealógica, em vez de se sentir orgulhosa do que havia feito, ficou crivada de vergonha. Depois de anos tentando fugir da sombra e acobertá-la, bastou um trabalho na faculdade para sua personagem se desmantelar.

Assim como Amanda, alguns de nós estávamos cientes, ainda em tenra idade, de que tentávamos nos tornar algo que não éramos. Em vez de nós, queríamos ser como alguém que admirávamos, então inconscientemente assumimos a fachada de outro, sem nem perceber que o que víamos não era autêntico. Seja como for, na nossa busca por liberdade, segurança e autenticidade, é imperativo reconhecer que estamos usando alguma versão da máscara que vestimos há vinte, trinta ou até quarenta anos. E agora nossa autenticidade, que berra querendo atenção, fica bem oculta por trás da máscara, e nosso falso *self* se faz passar por nossa verdade.

Imagine o seguinte. Quando você era menor, recebeu um presentinho — uma moedinha mágica, quem sabe — de sua avó. Para guardá-la com toda segurança, você a escondeu num lugar em que ninguém ia encontrar. Décadas depois, você conseguiria lembrar onde escondeu? Lembraria sequer que a escondeu? O mesmo vale para seu *self* autêntico e incólume. Você o deixou tanto tempo oculto que esqueceu que essa porção de si sequer existiu.

A natureza da fachada que escolhemos varia conforme nossa formação, nossos pais, nosso entorno e o que era considerado comportamento certo ou errado. Mas as máscaras que se veem comumente na nossa sociedade não são diferentes daquelas de cem anos atrás. Hoje vemos versões atualizadas da sedutora, do galanteador, daquela que só quer agradar, do eterno otimista, da "descolada", do mártir, da boa menina, do cara legal, da durona, do abusador, de quem faz *bullying*, do ferino, da intelectual, do salvador, da depressiva, do piadista, da solitária, da vítima e daquela que tudo pode. São expressões repetitivas e arquetípicas que surgem na Idade Moderna. O problema de viver dentro dessas máscaras, dessas personas, é que acabamos perdendo a noção de quem de fato somos e do que é possível na nossa vida. Ao anular nossas trevas, inconscientemente extinguimos o poder, a criatividade e os sonhos autênticos.

## COMO EXPOR NOSSA VIDA SECRETA

Nossa sombra prospera quando temos segredos. No instante em que fechamos a porta de um ou mais aspectos de nós, damos início a uma vida secreta. Há um adágio nos programas de recuperação: "Seus segredos o deixam doente." E, nos anos que passei trabalhando com pessoas, posso confirmar que é uma verdade. Não é algo do que se envergonhar, pois a maioria de nós tem uma vida pública e uma vida secreta. Temos uma persona pública que mostramos ao mundo e uma vida secreta que mantemos oculta. Construímos uma vida secreta para esconder as porções de nós que temos mais vergonha de encarar. Pode ser uma área da nossa vida da qual temos vergonha ou na qual nos comportamos de uma maneira que tememos que seja inaceitável para aqueles que amamos. Talvez seja uma esfera da nossa vida que está fora de controle, um hábito ou um vício com o qual lutamos, ou uma fantasia que temos medo de dizer em voz alta. Quando nossos comportamentos são incongruentes com as máscaras que usamos, vamos dar duro para escondê-los. Podemos ser muito meigos e carinhosos com todos com quem temos contato ao longo do dia, mas à noite vamos para casa e berramos com os filhos. Talvez nos posicionemos como um intelectual brilhante enquanto estamos com os colegas, mas vamos para casa e passamos horas assistindo à TV acéfala e jogando video-game. Talvez estejamos comprometidos, mas traímos às escondidas, ou agimos como se fôssemos bem-sucedidos pelo esforço das nossas mãos quando somos sustentados pelos pais.

Nossa vergonha mal-resolvida nos leva a exagerar — ela acaba se expressando como um comportamento que acaba com o disfarce das porções da nossa vida que queremos esconder. Podemos trabalhar noite e dia para impedir que nossos impulsos ocultos venham à tona, mas estamos a apenas um instante de agir da maneira que vá minar nossa dignidade. Se andamos escondendo uma porção da nossa vida na qual agimos sem integridade, eventualmente ela será exposta, conforme passemos cheques sem fundo ou mentirmos na declaração de imposto de renda. Se nos é rotineiro encobrir nossa solidão, ela pode surgir na calada da noite como uma vontade insaciável de açúcar, álcool ou sedativos para preencher o vazio. Se a ira a que fomos submetidos décadas antes não for resolvida e extravasada, ela pode buscar expressão nos transformando em um pai chato ou uma esposa briguenta. Quem sabe nosso desgosto pelo pai mulherengo nos leve a atrair parceiros que não merecem confiança e que abusam das nossas emoções. Pode ser que nossa curiosidade sexual absolutamente normal tenha sido tolhida em tenra idade, dando luz a um fascínio insaciável por pornografia ilegal e sexo inconsequente. Contudo, para nos libertarmos das compulsões ingovernáveis que nos levam a viver uma vida secreta, temos que encontrar modos saudáveis de expressar nossos aspectos reprimidos para que possamos ficar a salvo de comportamentos que podem sabotar nossa vida.

Matthew era chefe de departamento em uma conceituada universidade de medicina. Era admirado pelos colegas. Tinha uma esposa carinhosa e três filhos saudáveis. Embora ao mundo exterior ele parecesse um pilar da sociedade, ele se via entediado com o próprio intelecto e com todos os louvores que acompanhavam o sucesso. Uma noite, Matthew voltou para casa depois de todos seus afazeres e começou a assistir à TV do fim de noite. Ficou fascinado por uma jovem atriz que estrelava um filme e decidiu entrar na internet e procurar informações sobre ela. Uma coisa levou à outra e, enquanto acessava um site pornô, clicou no anúncio de uma boate de strip nas redondezas. As imagens o deixaram excitado. Sua mente começou a devanear e ele foi acometido de fantasias, incluindo passar no clube no próximo dia de folga. Com um pouquinho de empolgação e também de medo, ele racionalizou a decisão, pensando que, como o clube ficava do outro lado da cidade, era só usar um boné e não seria identificado.

Logo as visitas à boate se tornaram regulares. Ele se viu excessivamente atraído por uma das mulheres e marcou um encontro. As histórias que contava à esposa ficaram mais confusas, com camadas cada vez mais profundas de mentira. Ele começou a procurar congressos de medicina para participar em regiões obscuras do país, para ter um fim de semana de libertinagem sem se preocupar em ser descoberto. Conforme o sexo com a esposa ficou menos frequente e menos empolgante, ele se tornou mais aventureiro e começou a se arriscar mais. Chegou a ter o hábito de comprar lingerie e roupas sensuais para levar consigo nas viagens, para garantir que as mulheres iriam excitá-lo.

Num fim de semana, a esposa de Matthew, Maria, pegou o carro dele para deixar as crianças na aula de tênis e, ao abrir o porta-malas para pegar os acessórios para a aula, notou uma maleta de médico que nunca havia visto. Depois de deixar as crianças na aula, ela voltou ao estacionamento e — por puro instinto — a abriu. Ficou chocada ao encontrar lingerie, camisinhas e uma coleção de brinquedos eróticos. Querendo saber até que ponto ia a infidelidade do marido, ela começou a revisar os extratos de cartão de crédito, o histórico de internet nos computadores e suas contas de celular.

Depois de estudar seu comportamento durante semanas, ela descobriu o tamanho da vida secreta que Matthew vinha levando, que envolvia clubes de strip, acompanhantes e infinitos casos passageiros.

Depois de semanas sofrendo em silêncio, Maria decidiu confrontá-lo com todas as provas que havia encontrado. Sem algo a dizer e com seu comportamento oculto descoberto, Matthew se viu diante da tarefa de desvelar as vontades frustradas que o levaram a criar tal fosso entre a persona pública e a vida pessoal. Conforme o choque das consequências de sua vida secreta entrou em foco, ele ficou enojado por ver que sua sombra o havia levado a comportamentos dos quais ele nunca sonhara ser capaz. Assim como a maioria dos viciados em sexo, Matthew precisava de tratamento e logo descobriu que o que ele procurava não era apenas sexo, mas atenção, admiração e empolgação. Se ele tivesse capacidade de ver e admitir esses desejos secretos, ele poderia ter buscado o apoio que precisava antes do comportamento sair do controle. Em vez disso, sua sombra o levou a perder o casamento e a dignidade.

Ao longo dos anos, ouvi inúmeras pessoas em meus seminários compartilharem histórias como essa. Sem pensar, elas se tornaram quem nunca quiseram ser. No fim das contas, se não lidamos com nossos aspectos sombrios, impulsos e sentimentos reprimidos, eles vêm nos cobrar. Como meu amigo dr. Charles Richards nos diz no filme *O efeito sombra,*[*] "ignorar nossa sombra reprimida é como trancar uma pessoa no porão até que ela faça algo drástico para chamar nossa atenção". Se nos recusamos a tirar a pessoa de lá, nos vemos no risco de estar na mira do que chamo de "efeito sombra". Se nossas porções reprimidas não veem alívio próximo, elas ganham vida própria. Ao nos libertarmos da culpa e da vergonha que carregamos quando uma porção da nossa vida fica alojada no

---

[*] *The Shadow Effect* (2009), *O efeito sombra* no Brasil, filme-documentário baseado no livro homônimo de Deepak Chopra, Debbie Ford e Marianne Williamson, com direção de Scott Cervine. O filme foi produzido pelos próprios autores do livro.

escuro, podemos abrir as portas do porão e trocar nossa vida secreta por uma vida autêntica.

Quando nos negamos um escape seguro para expressar nosso lado sombrio — ou nos recusamos a sequer reconhecer que ele existe —, esta sombra se acumula e se torna uma força potente, capaz de destruir nossa vida assim como as vidas daqueles ao nosso redor. Quanto mais tentamos reprimir os aspectos da nossa personalidade que taxamos de inaceitáveis, mais encontramos maneiras maldosas de nos expressar. O efeito sombra acontece quando nossas trevas reprimidas ficam à mostra, conduzindo-nos a extravasar de maneira inconsciente e inesperada. Ocorre quando algo no mundo exterior obriga nossas trevas íntimas a deixarem o esconderijo, e de repente estamos cara a cara com traços de personalidade, comportamentos e sentimentos que ocultamos na nossa vida secreta. O efeito sombra não é uma coisa que planejamos. Aliás, é uma coisa em que a maioria investiu muito tempo e energia para evitar. Mas, quando entendemos esses fenômenos, podemos deslindar o mistério da nossa autossabotagem.

## O EFEITO SOMBRA

Imagine que cada qualidade, cada emoção, cada ideia sombria que você tenta ignorar, esconder ou renegar é como uma bola de praia que você segura embaixo d'água. Você pega seu *self* egoísta, irritado, que é mais comportado do que devia, insuficiente, tolo, convencido, todos os *self*. E de repente você está assoberbado com todas essas bolas de praia. Quando se é jovem, você tem muita energia e consegue manejar várias — você tem como reprimir muitas qualidades indesejáveis. Só que mais tarde, quando está cansado, inconsolável ou doente; quando não acredita mais na possibilidade de um futuro animador; quando suas defesas estão baixas; quando sua atenção está focada na sua família ou em uma grande promoção que vai ocorrer; quando bebeu demais — de repente, *boom!* Você ou alguém à sua volta faz uma coisa impensada e uma ou mais bolas de praia submersas estouram na sua cara. Esse é o efeito sombra.

O que acontece quando temos um acesso de fúria no trânsito? Seria nada mais que uma bola de praia cheia de raiva reprimida vindo à tona? É o que vemos o tempo todo no cinema. O cineasta que faz filmes cristãos de repente se embebeda e, na fúria do álcool, começa a berrar expressões antissemitas. A estrela do rádio que ganha a vida como grande comunicador, de um segundo para o outro, comete um impropério racista que destrói sua carreira e sua reputação. Uma professora jovem e ambiciosa joga o futuro pelo ralo ao transar com o aluno de catorze anos. Uma estrela de cinema, com meios para comprar praticamente tudo, é pega roubando no supermercado. Todos os impulsos reprimidos e as ânsias ocultas que tentamos gerenciar são como bombas-relógio prestes a explodir.

E podemos ter certeza de que o efeito sombra vai surgir no momento menos oportuno — quando estamos à beira do sucesso financeiro ou cortejando um novo e desejável parceiro; quando estamos a dias da aposentadoria ou prestes a fechar um negócio que pode mudar nossa vida para sempre. São momentos em que, consciente ou inconscientemente, sabotamos nosso próprio sucesso. Quando uma escolha, tomada no furor da inconsciência, compromete o avanço em que trabalhamos durante anos. Toda autossabotagem é uma externalização da vergonha interna e oculta, nos recessos sombrios de nossas mentes inconscientes. Como não tivemos a sabedoria, a coragem ou os recursos para fazer as pazes com o que reprimimos por conta de culpa, medo ou vergonha, aquilo é expelido e vem à tona para que possamos retomar e aceitar nosso *self* perdido, e voltar ao estado transparente de nosso *self* integrado.

É apenas quando nossos comportamentos autodestrutivos deixam de ser segredo que encontramos motivação para mudar —

e que percebemos, com olhar objetivo, o dano que estamos causando a nós mesmos e àqueles ao nosso redor. É apenas quando nossos filhos chegam do colégio e descobrem que cortaram a luz que nos dispomos a encarar nosso vício no jogo. Temos de ir para a cadeia por dirigir embriagados — só aí aceitamos que nosso consumo de álcool saiu do controle. Quando saímos para jantar com os amigos e o garçom anuncia que o cartão de crédito foi recusado, talvez finalmente seja a hora de encarar que nossos gastos fugiram do controle. Quando nos pegam abusando do cartão corporativo, percebemos que temos que lidar com nossa noção de mérito. Podemos nos enganar e dizer que estamos indo muito bem no trabalho ou na dieta — até que recebemos a avaliação anual ou pisamos na balança. O efeito sombra surge como reflexo externo e potente de que nosso mundo interior está perigosamente desequilibrado. Porém, por mais dolorosos que sejam esses momentos de realidade, eles podem servir para iniciar um processo de evolução involuntária. Quando somos confrontados com nossa sombra e ela é vista por aqueles cujas opiniões nos são importantes, despertamos da negação e, com sorte, reconhecemos que temos que tomar alguma atitude.

Se conseguíssemos nos ver com exatidão, a tarefa seria mais fácil. Mas não há como e, por isso, é tão fácil cair no transe da negação, também conhecido como "menti e nem notei". A mentira começa conosco. Se tivéssemos intimidade com nossos impulsos mais sombrios — se soubéssemos que egoísmo, ódio, ganância e intolerância querem nos comunicar algo importante —, daríamos atenção à presença deles na nossa vida, como um amigo de confiança batendo à porta. Mas quando alienamos nossa sombra; quando, por medo, nos recusamos a reconhecer ou a receber as mensagens que ela tenta comunicar, podemos ter certeza de que faremos algo ou nos envolveremos em algo que fará nossas trevas ocultas virem à tona. Nesses momentos, a proverbial batidinha na porta parece

132 | O EFEITO SOMBRA

mais um tapa na cabeça; mas os momentos em que encontramos nossas trevas renegadas não são somente os mais dolorosos, mas também, os mais férteis na nossa vida.

Se desejamos evitar a ira do efeito sombra, temos que cair na real com nós mesmos todos os dias, para conferir se estamos agindo de modo que pode envergonhar, constranger ou destruir nossa família, carreira, saúde ou autoestima. Temos que despertar e considerar se estamos escondendo ou negando uma vida secreta; temos que nos tornar cientes de hábitos, comportamentos ou modos de ser que escondemos dos outros. Se tememos o que aconteceria se as famílias, os colegas de trabalho ou os amigos conferissem nossos e-mails, o histórico de sites que acessamos ou lessem os pensamentos críticos e maldosos que temos na mente, temos de reconhecer isto como sinais — como luzes vermelhas piscando. A negação é o criminoso que deixa nossa vida secreta intacta e longe da vista — e nos mantém focados em tudo menos em nossas indiscrições.

Para aceitar nossa sombra e impedir que o efeito sombra nos derrube, temos de aceitar uma verdade maior em relação à nossa humanidade e ao que jaz por trás da superfície da pessoa que acreditamos ser. Quando empenhamos nossas mentes na investigação da hipocrisia do nosso comportamento humano, nós aceitamos uma verdade mais profunda e mais significativa — de que todas as nossas porções merecem ser vistas, ouvidas e aceitas, que cada aspecto guarda um dom maior do que vemos e cada sentimento merece expressão sadia. Quando elas forem removidas das trevas e expostas à luz, nos darão suporte para criar relacionamentos saudáveis, reconquistar a saúde mental e atingir nosso potencial.

O efeito sombra destrói aquela persona construída com toda perfeição, para que possamos nos reinventar como uma pessoa diferente de quem vínhamos sendo. A autossabotagem não passa de uma indisposição da porção do nosso *self* mais altivo em continuar a interpretar o papel que atribuímos a nós mesmos. Idealmente, adotamos com disposição os nossos aspectos renegados; quando insistimos em nos agarrar a nossas personas, as repercussões podem ser dolorosas e sujas. Há exemplos disso por todo lado. Britney Spears, que vestia a máscara de menininha comportada, passou por uma fase de menina má, em uma espiral de autodestruição. Tiger Woods, o golfista all-star com sua máscara de bom moço, bem-sucedido em tudo o que faz, teve um piti e, em um só dia, passou de super-herói a infiel que sabotou a própria vida. Quando a máscara da nossa persona humana fica muito apertada, sem espaço para que cresça ou respire, ela se rasga, para se reconstruir renovada. Há milhões de exemplos ao longo da história que demonstram o fenômeno do efeito sombra. Mesmo assim, quando as pequenas indiscrições dos outros vêm à tona, ficamos fazendo não com a cabeça, perplexos com o comportamento delas. Chamamos isso de cair em desgraça — mas seria de fato uma desgraça? O contrário da desgraça não seria meramente uma persona bem-elaborada que mostramos ao mundo, enquanto nossa vida secreta fica oculta daqueles que amamos?

## COMO DESVELAR NOSSA SOMBRA

Quando nos vemos obcecados com os aspectos das sombras dos outros, é apenas porque elas tocaram um dos nossos. Temos o costume de pensar que não conseguimos nos ver a não ser diante de um espelho — mas isso só vale em um nível. O fato é que *temos* como nos ver ao vivo e a cores ao tomar nota do que observamos nos outros. Somos feitos para projetar nos outros as qualidades que não conseguimos ver em nós. Isso não é ruim. É uma coisa que fazemos o tempo todo. A projeção é um mecanismo involuntário de defesa do ego — em vez de reconhecer em nós as qualidades que desgostamos, nós as projetamos em outra pessoa. Projetamos em nossas mães, nossos filhos, nossos amigos ou, melhor ainda, em alguma personalidade famosa que nunca vimos pessoalmente. O que julgamos ou condenamos no outro é, enfim, uma porção de nós que renegamos ou rejeitamos. Quando estamos envolvidos na projeção, parece que estamos vendo o outro, mas na realidade estamos vendo um aspecto oculto de nós mesmos. Aqueles em quem projetamos têm porçõezinhas de nossas trevas que não percebemos, assim como porçõezinhas de luz que não notamos. Temendo ao mesmo tempo nossa indignidade e nossa grandiosidade, inconscientemente transferimos essas qualidades a outros em vez de reconhecê-las em nós.

Você já sentiu o poder da projeção milhares de vezes na sua vida. Entra numa sala e de repente está morrendo de amores por uma pessoa. Começa uma conversa com alguém que, então, começa a falar do que gosta e do que não gosta, e nada se encaixa com seus gostos. De repente, aquela pessoa lhe parece outra — o transe da projeção se partiu e você a enxerga por um viés distinto. Se em um instante depois acontece de ela falar que consegue ingressos de primeira fila num jogo que você está ansioso para assistir ou que ela conhece alguém que pode ajudar a fazer seu último projeto decolar, pode acontecer de você voltar a ver a pessoa por um viés favorável, e ela pode parecer ainda mais interessante. Por fim, a conversa volta aos trilhos, mas, ao abrir a boca de novo, ela despeja os nomes dos famosos que conhece. Quando ela começa a parecer seu sogro que adora se exibir, você sente repulsa. Na verdade, nada nessa pessoa mudou, fora a percepção que você tem dela. Esse é o poder da projeção. Se você entende esse fenômeno, vai entender por que num minuto pode amar alguém e no instante seguinte achar a pessoa absurdamente chata.

Nossas trevas despercebidas se apresentam continuamente na tela daqueles ao nosso redor. Podemos ver nossa submissão na nossa mãe, nossa ganância no nosso pai, nossa preguiça no nosso

FAZENDO AS PAZES CONOSCO, COM OS OUTROS E COM O MUNDO | 135

marido, ou nossa correção nos políticos. A projeção funciona da seguinte forma: "Ela só pensa em si própria." "Ele é tão cheio de si." "Que imbecil. Ele é tão medíocre." A projeção explica por que cinco irmãos podem crescer na mesma casa e cada um deles vai contar uma história diferente sobre os pais, enfatizando pontos fracos e pontos fortes distintos e se lembrar de características diversas.

Costuma ser difícil reconhecer nosso próprio mau comportamento, pois sempre o projetamos nos outros. Quanto mais ficamos convencidos das transgressões dos outros, mais provável é que nós sejamos culpados das mesmas indiscrições. A.J., que atende no balcão de um famoso restaurante, estava indo para casa após um longo dia de trabalho e ansioso para passar uma noite tranquila com a esposa e a família. Após poucos minutos no carro, de repente, ele ouviu um som que vinha da traseira, aquele som que todos nós tememos — uma sirene. Quando ele encostou, procurou na memória o que poderia ter feito, mas nada veio à mente. Baixou a janela e o policial pediu para ver seus documentos.

Depois de lhe devolver sua carteira de motorista, o policial chegou mais perto e perguntou: "Andou bebendo, meu jovem?"

A.J. respondeu: "Não, senhor, eu estava trabalhando."

"Meu jovem, acho que você andou bebendo e acho que seria do seu interesse contar a verdade. Você esteve em outro lugar além do trabalho?", perguntou o policial, sarcástico.

A.J., agitado e um tanto na defensiva, disse: "Não, senhor, não andei bebendo. Na verdade, eu estava no bar e passei a tarde servindo bebida para o senhor."

O policial, evidentemente surpreendido, devolveu a carteira a A.J., entrou na sua viatura e foi embora. É um exemplo perfeito de projeção. Quando o policial, um tanto alto e quem sabe se sentindo um tanto culpado depois de tomar alguns drinques em horário de trabalho, voltou à labuta depois da "folga" e inconscientemente começou a procurar por si.

As porções de nós que tentamos evitar podem ficar longe da nossa vista, mas ainda existem como parte do campo energético. Os comportamentos e as emoções com os quais não estamos em paz sempre vão encontrar uma tela para se projetar, e podemos ter certeza de que isso acontece quando sentimos uma carga emocional na presença de outra pessoa. Imagine ter cem tomadas no peito. Cada tomada representa uma qualidade distinta. As qualidades que você reconhece e aceita têm placas cegas. Elas são seguras — por estas, não passa eletricidade. Mas nas qualidades com as quais você não lida, as que ainda não reconheceu, a corrente passa. Então, quando os outros aparecem e refletem uma imagem do seu *self* que você não quer ser, há uma conexão e a energia passa.

Um exemplo: saí com um homem que eu considerava um pouco rechonchudo e fora de forma. Após meses de relação, notei que, onde quer que fôssemos, ele apontava para um cara que fosse gordo, ou que tivesse uma barriguinha, ou que andasse com as calças caindo. Um dia, quando estávamos caminhando pelo aeroporto rumo a uma escapada de fim de semana, ele apontou para outro homem, que nem conhecia e que nunca mais veria na vida, e disse: "Que relaxado. Por que você acha que aquele cara não se cuida?"

Naquela hora não consegui mais ficar de boca fechada e juntei toda a coragem para lhe dizer que ele estava projetando em vários coitados, gente que ele nem conhecia, a preocupação com o peso que ele mesmo tinha. Sugeri que, em vez de apontar os outros, olhasse para baixo. Achei que ele ia tropeçar e cair da escada rolante quando percebeu, como se fosse a primeira vez, o bojo da própria barriga. Seu rosto caiu no chão quando percebeu que também carregava dez quilos em excesso. Encabulado, ele me perguntou se parecia com os outros homens. Com medo de arruinar meu fim de semana, menti e falei que talvez ele não estivesse na mesma situação dos outros, mas que havia muitos outros lugares onde seus olhos podiam se dirigir quando estávamos em público. Isso devia significar que, em certo nível, ele realmente queria lidar com o seu corpo e mudar o modo como se apresentava ao mundo, caso contrário não seria tão vidrado nisso.

Havia centenas de outras características em que ele poderia ter focado — o cabelo, o sorriso, os belos olhos, o narigão de outra pessoa. Mas não era nada disso. Ele só focava nas barrigas deles. Nossas projeções sempre nos chocam. Quando recriminamos os outros, nunca pensamos que estamos falando de nós. No entanto, assim que entendemos por que apontamos o dedo, temos como começar a nos desemaranhar de nossas percepções e da recriminação feroz que fazemos aos outros. Temos de lembrar do velho ditado: "Quem diz, é."

Se negarmos ou não ficarmos à vontade com nossa raiva, nosso olho vai automaticamente buscar e encontrar todos os raivosos. Se estivermos mentindo ou nos recriminando em segredo por ter mentido alguma vez, ficaremos devidamente incomodados com a desonestidade de outros. Nos anos em que administrei oficinas, passei por momentos engraçadíssimos em que as pessoas se irritavam comigo por sugerir exatamente esse conceito de projeção e dizer que elas também detinham as qualidades que desprezavam nos outros. Uma das ocasiões que mais gosto de contar foi quando uma linda mulher latina, perto dos trinta anos, veio falar comigo durante um intervalo e insistiu que ela não tinha nada a ver com seu pai, pois ele reprovava todos os homens com quem ela saía. Quando eu lhe perguntei se sabia o porquê, ela disse que ele era racista. Ela disse que só saía com asiáticos e ele era contra. Quando perguntei, em tom de brincadeira, qual era a latina que só saía com asiáticos, a raiva sumiu do seu rosto e ela sugeriu toda acanhada: "Uma pessoa racista?" Ela percebeu naquele instante que era um pouco racista, tal como o pai, porque nunca saía com homens da própria etnia.

Outra mulher reclamou que não era em nada parecida com seu pai recriminador, que sempre ressaltava o que ela tinha de errado.

Ela me contou que ele era irritado, hipócrita, desagradável, recriminador e assim por diante. Quando lhe perguntei o que ela havia feito com o pai durante o diálogo, ela percebeu que estava demonstrando o mesmo comportamento recriminador que via nele. Em outro momento, um homem se levantou para me dizer como odiava gente de cabeça fechada e que se sentia cercado por elas no trabalho e na vizinhança. Então, um dia, seu amado filho voltou da faculdade e anunciou que era gay. O homem ficou enojado. Quando a esposa tentou acalmá-lo, ele percebeu que era justamente o cabeça fechada que sempre detestou, o que o levou à oficina do "processo da sombra". Reconhecer nossas projeções é uma experiência que exige coragem e que ainda assim nos rebaixa; é uma experiência pela qual todos devemos passar para encontrar a paz. Ela nos obriga a reconhecer o quanto somos capazes e que, muitas vezes, fazemos exatamente aquilo que desprezamos nos outros.

Há vários exemplos famosos de projeção. O ex-governador de Nova York, Eliot Spitzer passou toda sua carreira tentando acabar com a prostituição, pois a considerava inaceitável; e, então, foi pego num escândalo com garotas de programa. O ex-presidente da Câmara dos Deputados Newt Gingrich, que, em todo seu ultraje, não parou de apontar o dedo e comandou o ataque pelo impeachment do então presidente Bill Clinton por conta de indiscrições sexuais, passou, posteriormente, pela revelação de que teve um caso extraconjugal. O famoso reverendo Ted Haggard, um pastor que protestava contra a imoralidade dos homossexuais, foi pego em uma relação homossexual movida a entorpecentes. E Rush Limbaugh, o fenômeno do rádio que escancaradamente humilhava e ridicularizava viciados em drogas no seu programa, admitiu seu vício em remédios controlados. Eu poderia dar milhares de exemplos de pessoas que publicamente condenam ou rebaixam comportamentos que elas mesmas praticam. Você acha que essas pessoas decidem que vão destruir suas vidas e suas carreiras, que

FAZENDO AS PAZES CONOSCO, COM OS OUTROS E COM O MUNDO | 139

vão se humilhar em público e fazer os seus familiares passarem vergonha? Era de fato a intenção que tinham? Ou foram pegas de surpresa e ficaram decepcionadas com o próprio comportamento? "Foi o Diabo que me obrigou" não seria uma maneira de disfarçar a sombra?

Como Shakespeare disse, com todo seu brilhantismo: "A dama promete demais." Seja qual for a qualidade, o comportamento ou a emoção que nos vemos negando com toda retidão, pode-se ter certeza de que é a que de fato estamos acolhendo de modo profundo na nossa *psique*. Não temos de ir muito longe para descobrir que costumamos fazer exatamente a coisa que estamos julgando nos outros. Pode transparecer de um jeito totalmente diferente, mas a força motriz por trás do nosso comportamento é, na verdade, a mesma. Às vezes pode ser desafiador identificar a força motriz em nós mesmos, pois talvez não estejamos demonstrando exatamente o mesmo comportamento que a pessoa em quem projetamos; mas está lá, dentro de nós. Quando temos uma característica que não está coberta por uma placa cega (voltando à imagem anterior das múltiplas tomadas), atraímos gente e acontecimentos à nossa vida que nos ajudam a reconhecer, curar e aceitar esse aspecto negado.

Se abraçamos em nós as qualidades que nos perturbam nos outros, deixamos de nos incomodar com elas. Podemos notá-las, mas elas não vão nos afetar. Essas tomadas terão placas cegas e deixarão de passar corrente. É só quando mentimos a nós mesmos ou odiamos algum aspecto nosso que ficamos emocionalmente perturbados pelo comportamento de outra pessoa. O respeitado filósofo e psicólogo Ken Wilber faz uma ótima distinção: ele diz que, se uma pessoa ou coisa no ambiente *nos informa*, se recebemos o que está acontecendo como informação ou como algo interessante, provavelmente não estamos projetando. Se nos *afeta*, se apontamos o dedo para recriminar, se ficamos vidrados, são grandes as chances de sermos vítimas de nossas projeções.

140 | O EFEITO SOMBRA

Até que recuperemos todas as porções de nós que projetamos por aí, o que nos recusamos a aceitar vai continuar a aparecer na nossa vida, seja no nosso comportamento ou no de alguém próximo. Quando não lidamos com nossa sombra, ela vai afetar negativamente nossos relacionamentos. Vai nos impedir de estar presentes para percebermos os dons daqueles ao nosso redor, pois teremos armado um muro de defesa da recriminação que nos cega e não vemos de fato quem os outros são. Vai nos distrair de relacionamentos em geral e, em vez disso, forçar nosso olho e nossa atenção ao que cremos que está errado nos outros.

O comportamento de Pilar é um exemplo perfeito do fenômeno da projeção. Uma mulher dos seus quarenta e poucos anos que se orgulha de ser ótima filha, Pilar está sempre incomodada com seu pai por ser acumulador. Todo domingo que vai visitá-lo, ela começa a ficar nervosa e incomodada. Quando entra na sala de estar dele para se acomodar e desfrutar do tempo de pai e filha, em vez de lhe perguntar como ele está ou lhe contar sobre sua vida, Pilar começa a reclamar das pilhas de jornais no chão ou das centenas de mini souvenires espalhados pelo espaço diminuto. Frustrada com a incapacidade do pai de jogar coisas fora e por ele não ouvir quando ela o orienta, Pilar trava uma conversa desdenhosa na qual ressalta a incapacidade que ele tem de abrir mão de inutilidades. Nessa atmosfera de recriminação, os dois se entristecem e ficam esgotados, as visitas acabam sendo monótonas. Pilar sempre vai embora se sentindo mal e o pai, no fundo, deseja que ela parasse de vir, embora seja muito carinhoso e solitário para o dizer.

Um dia, enquanto trabalhava no escritório que divide com o marido, Emilio, em casa, Pilar percebeu uma coisa a respeito de si. Ele perguntou se ela podia esvaziar uma das gavetas que ela usava, para ele ter mais espaço para seus documentos. Incomodada, ela rapidamente respondeu que precisava de seis das oito gavetas, porque seus documentos eram importantes e ele que alugasse um depósito se precisava de espaço. Inquietado com a incapacidade da esposa de dividir, Emilio começou a abrir uma gaveta atrás da outra, revelando centenas de pastas cheias de recortes de jornais e revistas. Ela ouvia que o marido estava reclamando, mas não ouvia nada do conteúdo que ele dizia. Ficou pasma. Pois estava ali, bem na sua cara: o pior hábito de seu pai. Ela via que, para Emilio, aqueles recortes eram lixo. Ela havia guardado esses recortes há muito tempo — até cupons de desconto da época em que ela estava na faculdade, vinte anos atrás!

De repente, quando sua cabeça voltou ao recinto onde ela e o marido ainda discutiam, ela começou a rir alto. Em questão de instantes, passou de um sentimento de náusea, ao ver sua sombra exposta, à liberdade, quando rompeu o transe das próprias projeções. Viu como apresentava a mesma característica do pai, mesmo que a dela ficasse oculta nas gavetas da escrivaninha. Pilar aceitou que era acumuladora e pediu ao marido que a ajudasse a jogar alguns recortes fora, pois sabia que seria difícil fazer sozinha. Ela amava cada pedacinho de papel, tal como o pai amava os dele.

Dias depois, quando Emilio conseguiu não só uma gaveta, mas três, Pilar decidiu contar a história a seu pai e pedir que ele a perdoasse por ser tão crítica. Pai e filha deram uma boa risada juntos e se abraçaram — algo que de rotina faziam a cada despedida, mas nunca como uma expressão autêntica de amor e respeito. Ela admitir a própria culpa foi a abertura para uma nova relação de amor e respeito com o pai, que pouco a pouco o levou a se desgarrar do passado. Ele até deixou que ela o ajudasse a encher alguns sacos de lixo todo domingo.

O mais empolgante é o seguinte: quando entender a projeção, você nunca mais verá o mundo do mesmo jeito. Nesse mundo holográfico, tudo e todos são espelhos, e você está sempre vendo a si e conversando consigo mesmo. Se quiser, pode perceber o que o afeta emocionalmente como um alarme, uma pista para descobrir sua sombra, um estímulo para o crescimento, que lhe dá oportunidade de retomar um aspecto oculto de si. Cada aspecto da sombra que você aceitar lhe possibilitará uma melhor experiência do amor, da compaixão, da paz e até uma sensação maior de liberdade.

E há benefícios ainda maiores em relação a assumir nossas projeções. Quando nós as assumimos, as pessoas na nossa vida sentem a liberdade crescer e têm uma oportunidade de mudar de comportamento. Quando renegamos qualidades, comportamentos e emoções e os atribuímos a outras pessoas, é como se, na verdade, essas características existissem nos outros e não em nós. Mas já vi repetidas vezes que, quando as pessoas acordam do transe da projeção, aquelas em quem elas projetavam mudam — tornam-se livres para dar as caras de outro jeito. Quando conseguimos vê-las do jeito que são, libertá-las da nossa recriminação e da nossa percepção anuviada, uma nova realidade surgirá. Ao fim, temos que chegar a um lugar onde possamos desvendar, assumir e aceitar cada qualidade que existe, para que não tenhamos mais de projetar nos outros os aspectos que renegamos em nós, para que possamos estar livres para ver os outros pela lente mais ampla da compaixão e não pela lente ilusória da projeção. É só assim que ficaremos livres para amar não só nós mesmos, mas todos que vemos no mundo. É aí que vamos sentir a verdadeira liberdade.

## COMO DESMASCARAR NOSSA SOMBRA

Outra maneira efetiva de encontrar porções despercebidas de nós mesmos é explorar os padrões que se repetem no nosso comportamento e com os quais lutamos há anos. Esses padrões de comportamento, que derivam de porções negadas ou que rejeitamos em nós, tornam-se nosso nêmese. É comum nos enganarmos ao crer que nossa conduta inaceitável é o problema em vez de buscar

FAZENDO AS PAZES CONOSCO, COM OS OUTROS E COM O MUNDO | 143

a causa desta. Podemos passar anos brigando com aqueles cinco quilinhos a mais, ou com os cigarros, ou com nosso machismo ou com o descontrole nos gastos, mas os reencontramos desde o ponto de partida ou em uma situação ainda pior. Se entendermos que esses padrões se formaram a partir de emoções reprimidas ou de um aspecto renegado ou desonrado da nossa sombra, podemos ir até a origem do comportamento e desmontar o padrão.

Nossa conduta habitual deriva de uma experiência ou de experiências passadas que nos levaram a criar interpretações particulares que temos de nós mesmos. A partir dessas interpretações nasceram certos raciocínios, e estes raciocínios nos levaram a nos ver de um jeito particular, geralmente negativo. Nossa vontade de nos afastar desses sentimentos indesejados nos leva a encontrar maneiras de nos fazer sentir melhores; daí o nascimento de nossa autossabotagem.

Annette tinha seis ou sete anos na primeira vez que sua mãe lhe disse que iria sair e que ela passaria a noite sozinha. Conforme o céu foi ficando escuro, a filha começou a vagar pelo apartamento vazio e concluiu que sua mãe não a amava. Assolava-se com a ideia de que algo de ruim aconteceria com a mãe e ela iria ficar sozinha para sempre. Isso a fazia se sentir sozinha, amedrontada, em pânico e, acima de tudo, diferente das outras crianças cujas mães ficavam em casa e preparavam o jantar. Para afastar essas emoções, Annette se viu fazendo múltiplas visitas à cozinha, onde sua mãe havia deixado uma grande caixa de rosquinhas. Descobriu que, pelo menos a curto prazo, as guloseimas diminuiriam sua dor.

Se explorarmos nossos padrões de comportamento — especialmente aqueles que não queremos repetir —, sempre revelamos um aspecto da sombra que estamos tentando esconder ou encobrir. Os padrões repetitivos em que nos vemos encurralados sempre ecoam em nós emoções que acompanhavam a chaga original. Então, em um grande acobertamento, criamos padrões de comportamento que acabam aprofundando a ferida, em vez de nos dar o alívio que buscamos.

Helena estava constantemente oprimida e nervosa, pois percebia que procrastinava no trabalho, nos afazeres domésticos e em outras coisas, como trocar o óleo do carro e marcar uma consulta ao dentista. Toda vez que tinha que encarar as consequências da procrastinação, ela firmava a promessa de que iria mudar. Helena estava certa de que este padrão era esgotante para suas emoções e a debilitava. Muito arrependida, me ligou para avisar que não aguentaria nem mais um dia. Depois de ouvir seu discurso, perguntei se ela estava pronta para encontrar a origem dessa atitude, a porção da sombra que lhe roubava a vida pacífica e feliz. Hesitante, e um tanto resignada, ela aceitou.

Então fiz minha primeira pergunta: qual é o tipo de pessoa que procrastina? De repente, ela viu uma imagem do padrasto largado no sofá, com a televisão a todo volume; ele não fazia nada das tarefas domésticas e sua mãe ficava enfurecida. Ao localizar a raiz da mágoa, ela sentiu vergonha e embaraço ao perceber que carregava a mesma característica indesejável do padrasto. Quando questionei a interpretação que ela fazia do padrasto, ela me disse que o considerava um vagabundo, apesar de ter sucesso profissional. Helena, que na época estava chegando aos treze anos, decidiu que daquele dia em diante não seria preguiçosa como o padrasto. Aliás, quem convivia com ela dizia justamente o inverso — que ela era uma pessoa de atitude, muito eficiente e produtiva, motivada e cheia de energia. Mas ela sempre sabia o que precisava fazer, esperando que se mexesse para consertar a própria vida. Ela se lembrou dos nomes que as pessoas davam a seu padrasto — "Você é um vagabundo, um preguiçoso, um imprestável!" — e identificou facilmente o diálogo interno que a assolava todos os dias; a verdade que a desmoralizava era que ela repetia as mesmas palavras para si, e cada vez mais a cada ano que passava.

FAZENDO AS PAZES CONOSCO, COM OS OUTROS E COM O MUNDO | 145

Mas agora, como adulta, ela via que, mesmo que estivesse extremamente ocupada fazendo pilhas de coisas, não era capaz de fazer o que era de fato importante para o sucesso da própria vida. Mesmo que ficasse pasma em pensar que podia ser preguiçosa como o padrasto, ela via que essa qualidade da sua sombra, a qual soube ocultar com tanta habilidade, havia fincado raízes em sua vida e agora tinha que ser extirpada se ela quisesse se ver livre desse padrão autodestrutivo. Ela não tardou a aceitar que, de fato, era uma preguiçosa quando se tratava de si mesma. Com a origem real de seu comportamento bem à sua frente, ela podia iniciar o processo de fazer as pazes com sua porção preguiçosa, a fim de que esta deixasse de solapar suas escolhas e de roubar sua autoestima e seus sonhos, todos os dias.

Toda vez que encontramos um comportamento que ameaça nossa paz de espírito, felicidade ou segurança, a súplica é que atentemos ao chamado do nosso mundo interior e exploremos a raiz de como estamos nos comportando. Quando fizermos isso, vamos desvelar um aspecto da nossa sombra. Não precisa levar um ano nem uma vida inteira. Pode levar cinco minutos de honestidade radical para desvelar um padrão do nosso passado. Se encontramos em nós um impulso que escondemos sem saber, temos o direito e a capacidade de trazê-lo à luz da nossa consciência, perdoar a nós e aos outros pela dor que sentimos, e nos libertar do comportamento autodestrutivo.

Talvez o desprezo de si seja um padrão de comportamento que você precisa confrontar. Você está sempre à disposição dos outros, mas não tem ideia de como é estar à disposição de si. Seus sonhos ficam em espera enquanto você apoia marido, filhos, irmãs e amigos a cumprir suas necessidades. No fim, não aguenta mais um dia em negar a si e a seus desejos. Afugenta esse padrão quando se pergunta: "Que tipo de pessoa iria atrás dos seus sonhos e não ficaria a dispor dos outros?" A resposta que ouve é: "Uma egoísta." Por um instante, fica feliz em não ser a pessoa egoísta, pois os odeia. Voltando atrás, você se lembra de lhe dizerem várias vezes, na aula de religião, como é ruim só pensar em si, então tomou a decisão que julgava mais correta: você nunca se tornaria egoísta. Em vez disso, virou o oposto — uma pessoa altruísta, de coração grande, carinhosa e bondosa que fará pelo mundo tudo o que estiver a seu alcance. Com esse compromisso em seu íntimo, agradar aos outros virou seu padrão.

Para fazer as pazes e romper esse ciclo, você deve confrontar o desgosto que sente quanto à ideia de ser egoísta e expor as recriminações que tinha contra todos aqueles que já considerou egoístas. Deve admitir as conotações negativas que se ligam à palavra "egoísta" e se dispor a ver que o modo como interpreta essa palavra é limitador, incapacitante e rígido. Tem que recuar e ver quando decidiu ou quando lhe disseram que os egoístas eram maus ou errados. Deve se dispor a abrir seu coração à porção egoísta de si e perdoar todos aqueles que reforçaram a você que ser egoísta é errado. Tem que aceitar a perspectiva dualista que acompanha ao ser humano tanto uma dose saudável de egoísmo quanto uma saudável dose de altruísmo. Se não se dispõe ou é incapaz de achar uma visão positiva em ser egoísta e insiste em manter isso na sombra, você vai continuar se contendo, firme no padrão que o leva a continuar negligenciando o que é importante para seu crescimento individual e a realização dos desejos de sua alma.

Para aceitar o que nos deixa presos, temos que encontrar a coragem de descobrir o dom do *self* egoísta. Se desprezar-se é um padrão, ser egoísta é uma qualidade vital a se adotar para encontrar nossa verdade. É ótimo dar apoio aos outros para que realizem seus sonhos — eu, por acaso, vivo de fazer justamente isso. Mas se eu não pudesse optar pelo egoísmo, nunca conseguiria terminar de escrever um livro, pois não deixaria de atender o telefone nem de dar apoio a um dos muitos que querem minha ajuda ou atenção

FAZENDO AS PAZES CONOSCO, COM OS OUTROS E COM O MUNDO | 147

todos os dias. Se não podemos escolher entre egoísmo e altruísmo, seremos levados a deixar de lado o que de fato pode nos importar ao fim da vida. Ser livre é ser capaz de escolher quem e o que queremos ser a qualquer instante. Se temos de agir de determinada maneira para evitar ser algo que não gostamos, estamos presos. Limitamos nossa liberdade e nos privamos da integralidade. Se não pudermos sentir preguiça nem raiva, não temos como ser livres. Quando exigimos essas porções de nós, é de vital importância lembrar que o fazemos para reconhecer nossa verdadeira magnificência. É como C. G. Jung bem disse: "Prefiro ser completo a ser bom."

Levar essa jornada ao passado pode intimidar, à primeira vista. Mas o fato é que essa jornada é uma das mais gratificantes que podemos fazer. Desvendar nossa sombra, ver como ela fincou raiz, é magnífico. Também é revigorante nos controlarmos antes de dizer algo que não queremos ou antes de fazer algo do qual vamos nos arrepender. Nossas sombras estão aí para nós, esperando para oferecer perspectivas valiosas a nosso respeito. Nunca temos como gerenciar ou derrotar nossa autossabotagem sem aceitar as sombras que as dirigem. Não há padrão que não possa ser rompido ou alterado se nos dispomos a expor suas raízes e a perturbação emocional que nos fez rejeitar o aspecto sombra em primeiro lugar. Quando conseguirmos ter compaixão por aquela porção de nós que fixou esse comportamento, vamos retomar o poder sobre nossas ações e romper as reações automáticas de nossos padrões indesejados. Esse processo costuma criar um dilema, pois, como seres humanos, somos projetados para querer a segurança, e o mais comum é que, ao repetir os mesmos e velhos comportamentos, tenhamos falsa sensação de segurança. É mais fácil repetir o passado do que explorar um resultado diferente. Mas, para acabar com a autossabotagem repetitiva, teremos de abdicar da ilusão de uma rede de segurança por um instante e nos dispormos a sentir o que há por trás. E, quando nos percebermos na presença de um dos nossos aspectos sombra, estaremos aptos a deslindar o mistério de nosso comportamento indesejável e fazer a mudança começar.

Conforme nos tornamos mais cientes da esterilidade de sucumbir aos mesmos padrões arcaicos, podemos nos voltar a nosso *self* corajoso, pedir apoio, ficar face a face com a porção sombra que está oculta e ter um *tête-à-tête*. Ao nos tornarmos íntimos do elenco que constitui nosso drama interno, temos como aprender a fazer as pazes e dar apoio à vida que queremos atingir. Por outro lado, se não conseguimos reconhecer as forças opostas que fazem essas personagens nascerem, podemos facilmente ser levados pela armadilha de acreditar em uma história sobre nós que é verdade somente em parte, e perdemos de vista a incrível oportunidade de ser um ser humano em plena expressão. Se nos recusarmos a reconhecer a dualidade interna, ficaremos encurralados, identificando-nos com a personagem cuja voz é a mais alta dentro de nós, independentemente do propósito ou da missão que ela tenha.

## OS DONS QUE NOSSA SOMBRA NOS DÁ

A sombra contém personagens essenciais para o roteiro de nossa vida. A função que você tem é aprender com ela, integrá-la, deixar que faça seu raciocínio evoluir e supere as fronteiras da persona que você criou. O desafio que você tem é encontrar seu valor e trazer à luz o perdão e a compaixão para que possa neutralizar a capacidade dela de desmanchar sua vida. Sua função é tirar as personagens complexas da sombra e usar seu poder e sua potência como combustível sagrado para se tornar quem você nasceu para ser.

Se esse vilão dentro de você está irritado, você deve perdoar essa porção de si e considerar a possibilidade de que a raiva é exatamente o que precisa para lutar contra uma injustiça ou opressão, ou para sair de uma situação abusiva e entrar nos trilhos para criar

FAZENDO AS PAZES CONOSCO, COM OS OUTROS E COM O MUNDO | 149

uma vida incrível. Se sua sombra é tomada de medo em relação a quem você é e o que pensa e mascara sobre si, criando um *self* fajuto e inautêntico, tem que se perdoar e perceber como e onde essas qualidades podem ter uso. É possível que essas porções ajudem a lidar com um sócio controlador ou um ex-cônjuge intimidante que ameaça destruir a relação com seus filhos. Se o vilão em sua história de vida é insaciável e sempre busca algo para preencher seu vazio, você não precisa reprimir sua ânsia alimentando um vício e se martirizando sem parar. Em vez disso, pode direcionar a energia desse aspecto de si para fazer mudanças positivas na sua vida ou na de alguém com quem se importa.

A questão é que pode se perdoar por possuir todas essas qualidades humanas e encontrar respeito e escape sadios para cada aspecto de si. Você nunca sabe quando vai precisar de uma porção que trancafiou. Nunca sabe quando uma porção de si que considerava inútil vai fornecer a habilidade que precisa para fazer a diferença para si ou para o outro.

Eu me lembro de Jason, um lindo rapaz de trinta anos, malhado e viciado em esportes arriscados. Quando ele era pequeno e os amigos e familiares o taxaram de "medroso", Jason resolveu que medo era a última coisa que ia ter. Ele começou a jogar hóquei aos onze e logo criou gosto por esportes radicais. Sua paixão pelo perigo era o disfarce perfeito; quem escala montanhas ou pula de um avião não pode ser acusado de covarde.

Depois de voltar para casa após uma de suas viagens ao exterior, Jason decidiu visitar a mãe divorciada e conhecer seu novo noivo. Ficou chocado ao descobrir que Jack, o homem do futuro de sua mãe, era quase vinte anos mais jovem que ela. Depois de passar uma noite ouvindo Jack desviar de perguntas sobre seu histórico profissional e seus negócios, o medo de Jason sobrepujou seu respeito usual pelos limites da mãe e ele decidiu descobrir tudo a respeito do novo namorado. Uma busca na internet não revelou coisa alguma, então ele pediu a conhecidos mais próximos da idade dele para conferir a tal empresa milionária cujo nome Jack passara a noite toda citando.

Em questão de dias, a desconfiança de Jason foi validada quando ele descobriu uma falência recente, um tenebroso histórico de crédito, processos e uma longa lista de dívidas. O empreendimento multimilionário de Jack tinha um belo escritório, mas não fechava negócios. Embora as desconfianças de Jason tivessem se confirmado, dias depois ele ainda não tinha encontrado coragem para falar. Então, quando sua mãe anunciou que Jack ia morar com ela para dividir gastos domésticos, Jason foi buscar dentro de si a força para vocalizar sua preocupação, mas só encontrou o garotinho medroso que não queria perder o amor da mãe. Sua sombra começou a ditar o que ele podia e não podia dizer. Jason sabia que tinha que se pronunciar, mas se sentiu paralisado na presença do *self* medroso, que havia passado anos banido. Foi só ao reconhecer e abrir o coração para ele — relegado à sombra — que Jason encontrou a coragem de finalmente dizer à mãe o que sabia. Conseguiu pedir a ela para repensar a mudança de Jack para sua casa até que ela descobrisse a verdade a respeito do noivo. Independentemente da escolha que ela fosse tomar, Jason sentiu orgulho de ter tido coragem de contar o que sabia e agora tinha uma dose saudável de compaixão e respeito pelo *self* medroso. Afinal de contas, foi seu *self* medroso, não seu *self* corajoso, que o incitou a desmascarar o homem que provavelmente estava se aproveitando de sua mãe.

Olhando mais fundo, Jason conseguiu identificar várias vezes que seu *self* medroso e desconfiado o ajudou a não se meter em encrenca. Ao descobrir os dons do seu medo, Jason não tinha mais que fazer toda hora o papel do radical destemido. Ele não tinha mais o que provar. Tinha retomado uma força profunda que nem sabia que existia quando esse aspecto ficava oculto nas trevas.

Para sermos completos, temos que reconhecer a existência de *todas* as nossas emoções, qualidades e experiências, e valorizar não somente as porções de nós que nosso ego considerou aceitáveis, mas tudo que consideramos errado ou ruim. Se nos dispomos a deixar que nosso lado sombrio seja parte do todo de quem somos, vamos descobrir que ele vem equipado com todo o poder, a habilidade, a inteligência e a força necessários para fazer maravilhas no mundo.

A jornada para extrair o ouro do escuro, para descobrir os dons da nossa sombra, exige que levemos a honestidade radical aos espaços onde estávamos em negação; perdão e compaixão às porções de nós da qual temos vergonha; amor e aceitação às experiências difíceis do passado; e coragem às áreas da nossa vida em que temos medo de admitir nossas vulnerabilidades. Não é um processo de aplainar, encobrir ou fingir que as coisas que fazemos para sabotar nosso sucesso não são grande coisa. Na verdade, é só quando admitirmos o custo de algumas das nossas condutas que vamos desatar a energia para desafiar a atração gravitacional do nosso passado e adentrar as infinitas possibilidades de nossa verdade.

Quando ficamos cara a cara com a sombra, logo percebemos que essa porção nossa não quer nos destruir. Na verdade, o *self* da sombra está tentando nos levar de volta à integralidade. Eu me lembro de uma cena do filme *Batman: O Cavaleiro das Trevas* na qual o Coringa está com uma faca no pescoço de Batman. O super-herói desafia o vilão: "Vamos, me mate." O Coringa, com uma expressão contorcida, perplexa, responde: "Eu não quero matar você. Você me completa." O que ele está dizendo é que, sem sua contraparte heroica, ele não seria qualquer coisa. Se formos astutos a ponto de inscrever nossos vilões internos — nosso *self* pessimista, arrogante, ditador e vítima — no roteiro de nosso *self* mais altivo e reconhecer que não são inimigos, mas sim, porções feridas e perdidas de nós que têm intensa necessidade de amor e aceitação, podemos viver em acordo com a missão mais elevada de nossa alma e encontrar paz nesse mundo.

## COMO ACEITAR NOSSA SOMBRA-LUZ

Nossa sombra não consiste apenas em nossas qualidades sombrias ou nas coisas que a sociedade considera ruins. Nossa sombra também inclui todas as qualidades positivas que escondemos. Costumamos nos referir a essas qualidades positivas como nossa "sombra-luz". Não são somente as trevas que enterramos. São nossas características positivas — nossos aspectos poderosos, carinhosos e deliciosos — também. A notícia fantástica e interessante aqui é que enterramos tanto da nossa luz quanto das nossas trevas. Podemos ter enterrado nossa genialidade, nossa competência, nosso humor, nosso sucesso ou nossa coragem. Talvez tenhamos ocultado nossa autoconfiança, nosso carisma ou nosso poder. Talvez nossa plena autoexpressão, singularidade ou *self* feliz tenham sido enterrados depois que ouvimos "É areia demais pro seu caminhãozinho", "Não fique se gabando, se não as pessoas não vão gostar de você" ou "Quem chega no topo fica sozinho".

Encontramos nossa sombra-luz ocultada do mesmo modo que encontramos nossa sombra. Nós a procuramos nos lugares onde projetamos nossa luz sobre os outros. Se vemos alguém que queremos imitar por admirar, é porque estamos vendo nela qualidades que existem dentro de nós. Se ficamos fascinados com outra pessoa, é porque o aspecto que amamos naquela pessoa existe dentro de nós. Se existe uma qualidade a que reagimos em outra pessoa, esta qualidade não nos falta. Ela pode estar oculta por trás de um mau comportamento, ou uma crença antiquada, datada, da sombra, que diz que somos o oposto do que vemos na outra pessoa. Mas eu garanto que, se você se atrai pela qualidade em outra pessoa, não importa o quanto garanta que seja excelente, ela também existe dentro de você.

Há mais de vinte anos, conforme segui avançando na minha recuperação do vício nas drogas, minha vida no sul da Flórida, onde eu tinha uma pequena butique, me parecia vazia e insignificante. Eu era assolada pelo impulso de fazer algo mais profundo e mais

FAZENDO AS PAZES CONOSCO, COM OS OUTROS E COM O MUNDO | 153

significativo, então decidi voltar aos estudos e fazer psicologia, pensando em me tornar terapeuta. Eu havia me mudado para São Francisco e estava imersa em estudos da consciência e enamorada pelo trabalho com a sombra. Uma noite, minha irmã me ligou para dizer que Marianne Williamson ia dar uma palestra no Palácio de Belas Artes. Ela conseguiu um ingresso para o evento, que já estava esgotado, e quando me sentei na plateia fiquei pasma. Fiquei observando Marianne em sua ousadia em convocar as pessoas a ter uma perspectiva mais elevada de si e do mundo. Eu a ouvi implorar descaradamente a nós para sair da pequenez de nossas vidas centradas no ego e na grandiosidade de servir como parte de uma missão divina. Embora eu estivesse ouvindo atentamente, fui mais conquistada pela força da sua presença. Saí de lá apaixonada por Marianne Williamson.

Voltei a meu apartamento, decidida a descobrir as porções de mim que eu via com clareza nela. Adorei o fato de ela ter coragem de dizer a verdade, mesmo que tivesse que chocar os outros até acordarem. Também admirei o modo como ela conseguia articular uma mensagem difícil, falar com tanta eloquência que suas palavras penetravam nas mentes e nos corações do povo. Fiquei apaixonada pela intensidade da preocupação que ela parecia sentir pela humanidade e a sensação de que ela se dedicava a algo maior que sua vida individual. Também invejei sua beleza, seu estilo e sua disposição a aparecer como uma mulher atraente, sensual, e não só como mais uma das muitas mentoras espirituais que seguiam o estereótipo cafona. Ela subiu ao palco deslumbrante e sofisticada, mas sua santidade aparecia em alto e bom som.

Como estudante dedicada da projeção, enxerguei além do comportamento dela e tentei descobrir as características subjacentes que deram vazão a esses comportamentos. Perguntei-me: "Que tipo de pessoa consegue ser ela mesma no palco?" Uma pessoa autêntica. "Que tipo de pessoa daria tanta atenção ao mundo?" Uma pessoa altruísta. "Qual é a qualidade que faz Marianne se pronun-

ciar, dizer a verdade mesmo quando esta é chocante ou dá medo?"
Eu ouvi com clareza: uma pessoa ousada.

Conferi minha lista de qualidades, que dizia "ousada, autêntica e altruísta". Nenhuma dessas eram características que eu possuía ou reconhecia em mim. Quem me conhece pode achar difícil de acreditar, mas na época eu não era uma pessoa que dizia as coisas como são. Com medo de perder a aprovação daqueles que eu amava, eu desviava de assuntos e me faltava autoconfiança até para estar na frente em uma sala sem ficar tremendo. Eu era mais preocupada com boa aparência do que em dizer algo que ia mudar a vida dos outros. Era mais preocupada em falar de forma carinhosa do que ser franca ou autêntica. Mas sabia que, se eu via essas forças em Marianne, o potencial delas também devia existir dentro de mim.

Comecei a praticar o exercício de ser mais autêntica e me desafiei a falar mesmo quando queria ficar em silêncio. Para desenvolver meu lado visionário, começava meu dia com uma oração pelo mundo e seguia com uma oração por mim. Para ser mais altruísta, foquei o que eu podia dar e não o que podia conseguir. A magnificência de Marianne refletia em mim o meu potencial oculto. Ao ver a luz dela, tive um vislumbre de quem eu podia ser no mundo se tivesse a coragem e a tenacidade de reconhecer que os pontos fortes que via nela também eram os meus. Isso não quer dizer que eles não existem nela; é claro que existem. Audácia, autenticidade e altruísmo são qualidades universais; cada um de nós tem o direito de expressá-las a seu modo.

Antes de eu romper o transe da minha projeção de luz em Marianne, eu queria que meu livro fosse tão bonito e poético quanto o revolucionário *Um retorno ao amor*, que ela escreveu. Mas, conforme me rendi ao desdobramento singular dessas qualidades dentro de mim, percebi que estava sendo guiada por outro caminho. Minha missão era ser "defensora das trevas" e não a "primeira-dama da luz". Este era o plano divino para minha vida, e nunca o teria avistado se não tivesse aceitado todas as minhas projeções.

FAZENDO AS PAZES CONOSCO, COM OS OUTROS E COM O MUNDO | 155

Reaver nossa luz daqueles em quem a projetamos abre as portas para um futuro inimaginável. Nunca sonhei que um dia escreveria um livro com Marianne Williamson, que seríamos amigas, ou que uma apoiaria a outra a realizar uma missão coletiva. É isso que é possível quando assumimos responsabilidade pela luz que vemos e admiramos nos outros. Em vez de ficar no transe, assumimos a porção de nós que está se condoendo para tomar à frente e cumprir a função de assumi-la dentro de nós.

O que o inspira é um aspecto seu. Todo desejo de coração existe para lhe dar apoio a descobrir e manifestar este aspecto. Se você aspira a ser algo, é porque tem o potencial de manifestar a qualidade que está vendo e o comportamento que essa qualidade trará à dianteira. Não será, necessariamente, da maneira exata que os outros estão expressando a qualidade, mas a seu próprio modo.

Nas minhas oficinas, sempre escolho uma celebridade e peço à plateia para compartilhar comigo o que mais adoram nela. Recentemente escolhi Bono Vox, vocalista da banda irlandesa U2, e então ouvi pelo menos vinte qualidades que as pessoas gostam no cantor. Uma pessoa amava o talento; outra se entusiasmava com sua criatividade; outra, com seu carisma. Algumas eram apaixonadas pela sua perspectiva, enquanto outras se inspiravam na sua capacidade de liderança, no seu altruísmo ou na sua generosidade. Cada pessoa ressaltou a qualidade que atribuía a ele como se fosse impossível não percebê-la e, naturalmente, concordar. Mas raramente a situação é esta, pois cada pessoa o via pela lente de seu *self* não assumido, que queria sair e ser aceito. Cada pessoa tinha uma percepção distinta, pois todos haviam projetado uma porção diferente de sua luz na tela do homem chamado Bono.

Nesse exemplo, Bono serve como um grande espelho para todos que o seguem em busca dos aspectos ocultos de si. Ele dá às pessoas a oportunidade de retomar a própria luz e encontrar expressões das qualidades que veem nele. Todas as celebridades têm o poder e a responsabilidade de *não* aceitar as projeções dos outros. Aliás, quando o fazem, elas costumam ficar encurraladas no próprio *self* iludido, que leva as próprias sombras a extravasarem. Em vez disso, a função das celebridades é refletir de volta as projeções a todos que estão lançando suas luzes sobre elas.

Lembre-se: nossa sombra costuma ficar tão oculta que é quase impossível nós a encontrarmos. Não fosse o fenômeno da projeção, ela poderia passar a vida inteira oculta de nós. Há aqueles entre nós que enterramos nossas características sombrias quando tínhamos três ou quatro anos. Quando as projetamos em outras pessoas, temos a oportunidade de encontrar esses tesouros enterrados.

## COMO INTEGRAR A SOMBRA

Agora, talvez você consiga reconhecer que a sombra — com toda a sua dor, o seu trauma e a sua luta — é uma porção indestrutível de quem nós somos. Por mais que nos esforcemos, nunca teremos êxito em nos livrar dela ou silenciar sua presença. Podemos, contudo, decidir se vamos deixar que ela destrua nossa vida e nos roube da experiência de grandiosidade, ou se vamos sugar toda a sua sabedoria e usá-la para nos conduzir à versão mais extraordinária de nós. Todos nós provamos a doçura do amor, a decepção amarga da perda, a amargura que se segue após um coração partido. Cada uma dessas experiências faz parte de nossa receita divina e singular. Não seríamos quem somos sem elas. A maioria de nós sofre com as porções dolorosas e indesejadas da nossa receita, mas há pessoas extraordinárias que decidem usar sua dor para curar o sofrimento e contribuem com o mundo em vez de ficarem sufocadas pelos aspectos sombrios de seu passado.

FAZENDO AS PAZES CONOSCO, COM OS OUTROS E COM O MUNDO | 157

John Walsh, o ex-apresentador de *America's Most Wanted,*\* fez isso. A morte de um filho é um dos ingredientes mais pesados que qualquer um de nós poderia imaginar em vivenciar, mas muitos têm essa experiência na sua receita. Depois do assassinato de seu filho de seis anos, Adam, John virou defensor dos direitos das vítimas e transformou sua raiva em ação criando um programa de TV e defendendo leis que levaram à condenação de dezenas de milhares de criminosos. Ele poderia apenas ter optado por engolir seu luto ou permanecer como vítima dessa experiência horrenda, mas, em vez disso, ele decidiu usar sua raiva, sua dor e seu sofrimento para criar o programa de TV *America's Most Wanted*, responsável pela captura de mais de mil fugitivos e de levar para casa mais de cinquenta crianças desaparecidas. Da mágoa de seu trauma pessoal, ele conseguiu salvar outros de passar pela mesma dor e saiu dela como um homem que é reverenciado e respeitado.

Depois que sua única irmã faleceu de câncer de mama aos 36 anos, Nancy Goodman Brinker — também sobrevivente de um câncer de mama — criou a Fundação Susan G. Komen do Câncer de Mama, organização sem fins lucrativos que angariou mais de 1 bilhão de dólares para pesquisa, educação e serviços de saúde. Ao aceitar os fatos que a vida lhe deu e se comprometer a *não* ser uma vítima, ela fez coisas extraordinárias para promover conscientização, ajudar outras pessoas a buscar a detecção precoce dessa doença potencialmente letal e avançar na busca por uma cura.

Você imagina como seria o mundo se Thomas Edison não tivesse aceitado tudo de si e suas próprias experiências? Ainda muito novo, o mundo havia dado todas as provas para ele crer que era

---

\* Programa de TV norte-americano criado em 1988 pelo produtor e ex-apresentador John Walsh e que teve uma das maiores longevidades de *realities* na televisão contemporânea. Apresenta os criminosos mais procurados dos Estados Unidos e reconstrói seus crimes por meio de atores. O programa inovou ao disponibilizar uma linha telefônica para que os telespectadores entrassem em contato caso vissem os suspeitos no dia a dia. O programa ajudou na captura de milhares de criminosos desde a sua concepção. Atualmente, é apresentado por Elizabeth Vargas, recomendada pessoalmente por John Walsh.

um medíocre, um fracassado, um imbecil. Ele tentou milhares de teorias para descobrir a eletricidade, pensou que todas pareciam ter chance de sucesso — e fracassou em todas. Mas, em vez de desistir, ele enxergou além dos fracassos, aprendeu com eles e seguiu em frente. Ele se agarrou e acreditou na possiblidade do próprio gênio, sua perspectiva, mesmo antes de se provar. Se tivesse feito o que a maioria de nós faz, se ele se rotulasse como um perdedor e ficasse preso nos confins de suas limitações, recusando-se a se perdoar pelos próprios fracassos, ele ainda estaria no escuro — literalmente. Já que Edison conseguiu integrar e aprender com seus fracassos, ele encontrou a motivação para continuar a buscar o sucesso e acender as luzes para todos nós.

Edith Eva Eger chegou a Auschwitz em 22 de maio de 1944. Depois de ficar separada do marido e assistir à mãe ser levada até a câmara de gás, Edie viveu cada dia nas circunstâncias mais terríveis que já existiram, assistindo a outros presos se eletrocutarem na cerca de arame farpado em torno do campo de concentração, e, quando ia para o chuveiro, não sabia se sairia água ou gás. Edie sobreviveu às piores circunstâncias que qualquer um de nós pode imaginar, mas, se a conhecesse hoje, você veria um ser humano maravilhosamente integrado que se permitiu prosperar apesar do — e, de certo modo, por causa do — passado doloroso.

Ela fez isso ao fazer uso das opções que ainda lhe eram disponíveis mesmo sob condições desoladas e desumanas. Quando foi convidada a dançar para o dr. Mengele, o cruel arquiteto da tortura e do assassinato de milhões de judeus, ela fechou os olhos e decidiu imaginar que a música era de Tchaikovsky e que estava dançando *Romeu e Julieta* em Budapeste. Quando os soldados alemães tiravam seu sangue, duas vezes por semana, dizendo-lhe que os ajudaria a ganhar a guerra, ela escolhia dizer a si mesma: "Sou uma pacifista. Sou uma bailarina. Meu sangue nunca os ajudará a vencer a guerra." Ela optou por ver os guardas que a mantinham em cativeiro como mais reféns do que ela. Ela se aliviou da dor pela morte da mãe repetindo várias vezes para si: "O espírito não morre jamais." Agarrou-se à porção de si que ainda tinha como controlar e se recusou a deixar que qualquer coisa que acontecesse no mundo externo matasse seu espírito. "Se eu sobreviver hoje", dizia para si, "amanhã serei livre."

Edie, hoje uma psicóloga clínica talentosa e apaixonada, além de matriarca de uma família maravilhosa, evidentemente compreende que, ao integrar as trevas que se lançaram sobre ela, ela conseguiu a vingança mais doce contra Hitler. Quando estava na filmagem de *O efeito sombra*, eu lhe perguntei se ela tinha alguma raiva de Hitler. Ela me fitou inocentemente, olhos nos olhos, e disse: "Eu não guardei raiva alguma. Se guardasse, ele venceria a guerra, pois eu ainda o carregaria comigo onde quer que fosse." Edie é uma defensora da liberdade, aquela que carrega uma luz que é tão forte e inspiradora que seguir seus passos faria bem a todos nós.

É muito fácil ficar preso na dor e sofrimento e deixar que nossa sombra e nossa história ditem nosso futuro e minem nosso bem-estar. Quando nos agarramos a nossos ressentimentos conosco ou com outra pessoa, nós nos atamos exatamente àquilo que nos provocou a dor por um fio mais forte que o aço. Como diz meu caro amigo Brent BecVar, recusar-se a perdoar aqueles que nos fizeram mal "é como estar se afogando e alguém afunda sua cabeça. Em algum momento, você percebe que é você mesmo que tem que se esforçar para vir à tona". O único jeito de enfrentar a angústia e a natureza opressiva da nossa sombra é com perdão e compaixão. O perdão não acontece nas nossas cabeças, mas em nossos corações. Ele se desvela quando extraímos a sabedoria e os dons até de nossas experiências e emoções mais sombrias. O perdão é o corredor entre o passado e um futuro inimaginável.

Histórias como essas demonstram que todos nós estamos vivendo de acordo com um plano maior e que, de fato, tudo acontece por um motivo. Nada acontece por acidente e coincidências não existem. Estamos sempre evoluindo, estejamos cientes disso ou não. Muitas vezes, esta evolução é dolorosa, mas a dor serve a um importante propósito. É um ingrediente necessário na nossa receita divina. Ao sentir o ardor da solidão, nossos corações se abrem para receber mais amor; ao superar as pessoas e situações que nos oprimiram, percebemos a profundidade da nossa força. Quando nos dispomos a reconhecer que nossa dor, nossos traumas e nossas angústias na verdade nos preparam com sabedoria essencial para nosso crescimento, perdoamos e até abençoamos aqueles que entram em nossa vida para ensinar estas difíceis lições. Nossas vidas são projetadas divinamente para cada um de nós conseguir o que precisa para dar nossa expressão singular ao mundo.

Nossa mente pode nos dizer que o ruim é ruim, que o bom é bom, e que talvez nunca sejamos tudo que sonhamos ser, mas, se nossa sombra pudesse falar, ela diria outra coisa. Ela nos diria que nossa luz mais forte só vai brilhar quando aceitarmos nossas trevas. Ela iria nos assegurar que existe sabedoria em cada chaga. Ela nos mostraria que a vida é uma jornada mágica na qual fazemos as pazes tanto com nossa humanidade quanto com nossa divindade. Nossa sombra nos diria que merecemos mais, que somos importantes, que somos mais do que já sonhamos possível, e que existe luz no fim do túnel.

Ao aceitarmos nossa sombra, descobrimos que estamos vivendo um plano divino, um plano tão importante, tão vital para nossa evolução quanto é para a evolução da humanidade. Tal como a flor de lótus que nasce da lama, temos que honrar as porções mais escuras de nós e as mais dolorosas das nossas experiências de vida, pois são elas que fazem brotar nosso *self* mais bonito. Precisamos do passado conturbado, turvo, o lodo da nossa vida humana — a mistura de dor, chaga, perda ou desejo não realizado com cada alegria, sucesso e benção para que nos dê sabedoria, perspectiva e ímpeto para adentrar a expressão mais magnífica de nós mesmos. Este é o dom da sombra.

# SEÇÃO

## III

# Só a luz pode afugentar as trevas

## MARIANNE WILLIAMSON

Em um mundo tão repleto de magia e ternura — de bebês dormindo a crianças brincando, a namorados sorrindo, a amizades que perduram, a flores desabrochando, da esperança violeta do nascer do sol à magnificência ardente do pôr do sol, ao reluzir do corpo, às glórias tênues da natureza, ao encanto dos animais, à nossa capacidade de perdoar, à misericórdia de Deus, à bondade dos estranhos e uma lista que podia seguir sem fim até ficar claro que não há como encerrar as expressões multiformes do amor na Terra — existe, igualmente, outra coisa.

E o que *seria* essa outra coisa?

Por que em um mundo onde podemos ir às lágrimas por conta de uma obra de arte também existe abuso sexual, estupros, inocentes que perdem o pescoço, gente que é presa indevidamente, crianças passando fome, torturas, genocídios, guerras, escravidão e toda sorte de sofrimento, de dor horrenda e desnecessária, que só existe porque alguém é cruel a ponto de cometer ou porque alguém não se mexe para impedir? Qual é a força que existe dentro das nossas mentes e do nosso mundo que, de modo proativo e aparentemente inexorável, provoca sofrimento e aniquilação entre tudo que é vivo?

Por que, se Deus é amor, existe o mal?

Vivemos em um mundo de justaposição constante entre a alegria que é possível e a dor que é tão comum. Torcemos por amor, sucesso e abundância, mas nunca esquecemos que o desastre está sempre à espreita. Sabemos que existe o bem no mundo, mas sabemos que também existe outra coisa. E estamos vivendo uma época em que a disputa entre os dois é intensa e se intensifica ainda mais. Seja lá o que guia os seres humanos ao ódio, à destruição, a matar, ganhou uma força coletiva como nunca se viu, dado que hoje a tecnologia e a globalização proveem a capacidade não só de atacar, mas de atacar a todos, juntos, como um só. Nunca houve necessidade mais urgente de desmantelar essa força, seja ela qual for, que tem tanto desprezo pelo amor e está decidida a aniquilar todos nós. Não é uma força que busca apenas nos causar algo inconveniente. É uma força que quer nossa morte.

E essa força é, na verdade, uma antiforça. Ela não chega a *fazer* algo, mas sim, *nos* leva a fazer o que ela quer. É um espaço onde esquecemos quem somos e, assim, agimos como não somos. É uma escuridão que, como toda escuridão, não é uma presença real, mas sim a ausência da luz. É um buraco negro no espaço psíquico que existe quando a luz deixa de ser vista mesmo por um instante. E a única luz de verdade é o amor.

O problema do que fazer com essas trevas — que é chamada de vários nomes, mas aqui fica com o termo "sombra" — é uma pergunta que assola a humanidade desde seus princípios. Nunca houve, até onde sabemos, uma comunidade ou civilização na Terra na qual o amor prevaleceu a todo momento. Mas continuamos a sonhar com ela. Tal estado, segundo certas religiões do mundo, chama-se paraíso. Certos textos religiosos e espirituais sugerem que temos uma memória antiga de tal estado, embora este não seja da Terra. Foi nosso princípio espiritual, uma dimensão de puro amor do qual viemos e à qual ansiamos voltar. O fato de que por vezes, quem sabe até na maior parte do tempo, vivemos muito à parte desse estado de amor puro é uma ruptura psíquica de proporções tão intensas que traumatiza cada momento das nossas vidas. Tal como o planeta se desloca tão rápido que nem sentimos que estamos em movimento, ficamos traumatizados em um nível tão profundo que nem sabemos que estamos com um trauma.

Apartados do amor, ficamos separados de Deus. Apartados de Deus, ficamos afastados de nós mesmos. E, apartados de nós, enlouquecemos.

Nas palavras de Mahatma Gandhi: "O problema do mundo é que a humanidade não está em seu juízo perfeito." De fato, esse é o problema do mundo. Há um lugar aonde vamos, tanto individual quanto coletivamente, que é a ausência de quem e do que somos e do que temos que fazer aqui. É uma inversão do nosso poder, uma perversão da nossa identidade, uma subversão da nossa missão na Terra.

O problema é que isso não é tão óbvio quando estamos lá efetivamente, pois é um espaço de confusão cósmica e tosca. Quando ficamos apartados do amor, somos propensos a sentir que nossa raiva tem justificativa, que culpar outra pessoa é aceitável e que atacarmos alguém é legítima defesa mesmo quando não é. Ou isso, ou coisa pior. Às vezes uma pessoa — às vezes até nações inteiras — pode ser tão sugada pelo buraco negro do desamor que fica sob o efeito de suas intenções mais extremadas, até hediondas. Pois essa coisa, que na verdade é uma não coisa, não é inerte. A consciência humana é como uma chama-piloto, que nunca se apaga. O problema é que ela é usada para criar ou um calor que rende vida ou uma conflagração que destrói a vida. Onde não existe amor, existe medo. E o medo, assim que toma conta da mente, é como um vício que ameaça esmagar a alma.

É isso que é essa coisa que chamamos de sombra. Ela não aparece, na maioria das nossas vidas, como uma fogueira descomunal, mas como algo que arde devagar. É quando você faz aquele comentário imbecil, magoa alguém que ama e quem sabe estraga uma relação. Ou quando faz uma coisa imbecil que sabota sua carreira. Ou quando pega aquele copo, sabendo que é alcoolista, e que, se continuar assim, vai morrer. Em outras palavras, é aquele você dentro de você que não quer seu bem. É sua sombra, e ela só pode ser eliminada resplandecendo sua luz.

O amor de Deus nos habita e se prolonga de nós a cada momento de cada dia. Quando vivemos alinhados com nossos *self* verdadeiros, tal como Deus nos criou, recebemos amor constantemente e depois o ampliamos tal como chegou a nós. É isso que significa viver na luz.

Mas, por mais que pareça senso comum, não parece ser senso comum que alguém se comporte de uma maneira que aparentemente não merece nosso amor. Nesse instante, estender nosso amor àquela pessoa parece um erro e negá-lo parece certo. Aquele momento — aquele naco de negatividade que parece uma coisinha minúscula, uma recriminação razoável — é a raiz de todo mal. É a pedra angular do raciocínio da sombra, pois envolve apartar-se de Deus e atribuir culpa. Deus nunca nega o amor, e nós só chegamos à sanidade aprendendo a amar tal como Ele ama.

Nossa tarefa, se queremos afugentar a sombra, é aprender a ter apenas raciocínios imortais, mesmo que vivamos no plano mortal. Nossas formas de raciocínio superior vão elevar a frequência do planeta, e então o mundo se transformará.

Mas e agora? O que nos faz esquecer de quem somos, desligar a luz e dividir o mundo em dois estados à parte — amor e medo? É um raciocínio só: alguém é culpado. Como lidamos com a imperfeição humana é a pergunta essencial que define se habitamos a sombra ou a luz.

Deus não olha para a pessoa que cometeu um erro do mesmo modo que nós olhamos. Deus não vem nos punir quando cometemos erros, mas sim nos corrigir. Quando voltarmos ao juízo perfeito, amando incondicionalmente e sem hesitar, então o mundo em si vai se autocorrigir.

Isso não quer dizer que perdemos discernimento, limites ou neurônios. O amor divino não é um ponto fraco. O amor de Deus não é um amor pegajoso. Não é nem sempre "legal" aquele ideal cor-de-rosa e difuso. Tem a ver com dizer a verdade de forma radical, o tipo de verdade que o coração conhece mesmo quando a mente resiste. Tem menos a ver com estilo e mais a ver com substância. Há maneiras de negar o amor de forma carinhosa, dando bastante ênfase à compreensão imatura das palavras "positivo" e "apoiador"; e há maneiras de prolongar o amor com uma espécie de honestidade realista e áspera que só muito depois parece ter sido mesmo amor.

É hora de todos nós levarmos o amor muito a sério. Nas palavras do dr. Martin Luther King Jr., é hora de injetar "novo sentido nas veias da civilização humana". Precisamos ampliar nossa sensação de amor para além do pessoal, para chegar a suas implicações sociais e políticas. É só ao agir assim que vamos afugentar as trevas que pairam como um espectro sobre o mundo. Ao viver nas trevas, vivemos na sombra. E, na sombra, o sofrimento reina.

## PODE NÃO SER REAL, MAS PARECE

Às vezes, você briga com alguém que ama e nem acredita que está brigando. Parece um pesadelo. Você chega a se ouvir dizendo: "Não pode ser!" E isso é porque *não está acontecendo* — você se perdeu em um universo paralelo, uma alucinação em que dominam a divisão e o conflito.

Anos atrás, eu disse a mim mesma para não me preocupar com o Diabo, pois era tudo coisa da minha cabeça. E então me lembrei do que aconteceu depois. Fiquei lá, travada, boquiaberta com a ideia de que, na verdade, aquele era o pior lugar onde se poderia estar. Eu não fico tão à vontade com a ideia de que não existe um Diabo à solta no planeta em busca de minha alma, mas sim, chocada em pensar que há uma tendência constante dentro do meu próprio raciocínio de me perceber sem amor e, assim, me sentir na penúria.

Então, de onde veio essa "tendência"? Se Deus é amor e só amor, e Deus é todo-poderoso, então como que uma força contrária veio a existir?

A resposta, metafisicamente falando, é que ela nunca veio a ser. Não existe nada além do amor de Deus e, nas palavras de *Um curso em milagres*,* "O que tudo abrange não pode ter opostos". A razão operacional pela qual um mundo ilusório — que na verdade *não* existe, mas parece fortemente *existir* — veio a existir é o princípio do livre-arbítrio.

Podemos pensar o que bem entendermos. Nossos pensamentos, contudo, têm poder independentemente do que pensemos, pois nosso poder criativo vem de Deus. A lei da causa e efeito garante que teremos a experiência do resultado do que quer que optemos pensar. Quando pensamos com amor, estamos criando junto com Deus e, assim, criando junto ao amor. Quando pensamos sem amor, contudo, fabricamos medo. Isso quer dizer que temos mentes cindidas. Uma porção de nós habita a luz, em eterna comunhão com o amor de Deus. Mas outra porção nossa — uma

---

* Livro de autoestudo publicado originalmente em inglês, em 1976, pela Foundation For Inner Peace, foi escrito por Helen Schucman e editado por seu colega de trabalho William Thetford (Bill). É composto por três volumes – texto, livro de exercícios e manual de professores – que ensinam que o caminho para a paz e o amor universal – ou relembrar Deus – só pode ser atingido por meio do perdão e da expiação da culpa. Centra-se, então, nos relacionamentos, os quais são tidos como santos pelo curso.

geralmente alinhada com o mundo mortal — habita as trevas. E este é o *self* da sombra.

Deus não enxerga a sombra porque, não sendo amor, ela não existe. Mas, ao ser Ele mesmo puro amor, Ele captou nosso sofrimento quando caímos nas trevas e nos deu uma cura instantânea. Naquele instante, Ele criou uma alternativa amorosa à insanidade e ao medo que nós mesmos nos impusemos. Essa alternativa é como um embaixador divino que habita o mundo das trevas conosco, sempre a postos para nos levar de volta à luz, se assim requisitarmos. Esse embaixador tem muitos nomes, de ajustador do pensamento a Espírito Santo. Para nossos propósitos, aqui vamos chamá-lo de iluminador.

Em *Um curso em milagres*, é dito que não somos perfeitos, caso contrário não teríamos nascido — pois é nossa missão nos tornarmos perfeitos aqui. É nossa missão transcender a sombra e nos tornarmos nossa verdade. O iluminador funciona como uma ponte entre nosso *self* da sombra e nossa luz. Ele foi empoderado por Deus para usar todas as forças do céu e da terra para nos tirar das trevas e nos reconduzir à luz. Faz isso em primeiríssimo lugar ao nos lembrar de que as trevas *não são reais*. Quando nos perdemos nelas, nosso maior poder está em convocar o iluminador, cuja tarefa é separar a verdade da ilusão. Fazemos isso através da oração e da disposição. "Estou disposto a ver de modo diferente" é uma frase que dá permissão ao iluminador de adentrar nosso sistema de pensamento e nos trazer da insanidade de volta à verdade.

Há alguns anos, fui visitar uma amiga e ela já estava recebendo, em sua casa, várias amigas próximas quando cheguei. Uma mulher do grupo tinha um jeito de falar que me pareceu muito afetado, tanto que toda vez que ela se pronunciava eu sentia como se alguém estivesse arranhando uma lousa. É óbvio que minha mente começou a recriminá-la, pois eu não entendia como as outras não eram afetadas pela maneira como ela falava.

Por ser alguém que busca, eu sabia que o problema não estava na mulher, mas em mim mesma — na minha falta de compaixão. Fiz uma oração no meu íntimo e expressei minha disposição a vê-la de outra maneira. Quase que instantaneamente, ou assim me pareceu, uma das outras mulheres na sala disse à mulher que eu vinha recriminando com tanto ardor: "Ouvi dizer que seu pai vai sair da prisão. É verdade?"

Conforme eu escutava, ouvi sua história. Embora não me recorde de todos os detalhes, lembro-me de que essa mulher havia sido refém do pai ao longo de boa parte da infância, no porão de casa. Ela acabou sendo resgatada e seu progenitor passou anos na cadeia. Ao ouvir o sofrimento daquela mulher, entendi por que ela falava daquela maneira. Ela não teve um modelo saudável de adulto por perto quando era menor; não sabia nem como falar de maneira natural e estava fazendo o possível para arregimentar o que considerava uma personalidade normal. Os mesmos maneirismos que haviam despertado em mim a recriminação, cinco minutos antes, agora despertavam em mim profunda admiração e compaixão. Ela não havia mudado, mas *eu* sim. Ao orar, eu havia convocado a luz. O iluminador adentrou o mundo das trevas e me libertou do *self* da sombra, meu *self* recriminador, ao me dar a informação que iria substituir meus conceitos de medo por conceitos de amor.

E, para começar, de onde em toda a existência eu havia tirado essa tendência tão grosseira de recriminar? De uma perspectiva metafísica, não nasci com ela. Não nascemos no pecado original, ou erro, mas na inocência fundamental e primordial.

Acho que tenho, de nascença, uma memória forte. É claro que não tenho como saber se de fato é verdade, mas a possuo desde que tenho lembranças. Lembro até de ver a típica luminária que fica sobre as mesas de cirurgia, que se soma à sensação de que pode ser verdade. Segundo a memória, cheguei a este mundo com uma quantia infinita de amor para dar, além de tudo que me permiti sentir desde então.

Mas isso foi em 1952, quando os médicos ainda achavam que tinham que dar um tapa na recém-nascida para ela respirar. Então, quando senti esse amor extraordinário irradiar de mim para tudo que é vivo, exatamente no instante seguinte, fui estapeada. O médico, que eu já amava, havia batido em mim. Lembro-me de ficar confusa, magoada, traumatizada. Por que fazer aquilo? Eu não conseguia acreditar que havia acontecido. E, então, minha mente se esvaziou. Eu passei a seja lá o que tenha passado, e foi isso.

Aquela memória — ou seja lá o que for — dialoga com a pergunta de nascermos ou não com a sombra. A resposta é que não, nascemos no amor perfeito. Mas, independentemente de quem sejamos e pelo que passamos, algo ou alguém — com a melhor das intenções — nos lança no reino da sombra e a função do restante de nossas vidas será deixar essas trevas para voltar à luz.

Daquele instante como recém-nascida — daquela separação traumática do amor que reencontrou dentro de mim a separação de toda humanidade do amor no nosso cerne —, eu ficaria para sempre tentada a perder o amor de vista. Quando me negaram este sentimento, mesmo que por um instante, fiquei tentada a negar o amor aos outros. E o propósito da minha vida, tal como é o propósito de todas as nossas vidas, é lembrar o amor dentro de mim rememorando sua presença em todos os outros.

A mulher na casa da minha amiga, por mais admirável que fosse, de início me seduziu à recriminação. Mas pedi ajuda e a recebi. Assim que me dispus a ver a luz nela, minha própria luz voltou. E a sombra se foi.

## ONDE NÃO HOUVER AMOR, PREPARE-SE PARA O MEDO

Qualquer pensamento que não seja recheado de amor é um convite para a sombra entrar. Levam-nos a crer no mito da neutralidade:

não precisamos de fato amar enquanto não fizermos mal de propósito. Mas cada pensamento ou traz o bem ou traz o mal. O poder infinitamente criativo do pensamento garante que, o que quer que decidamos pensar, resultará em um efeito. Se eu não decidir amar — se eu optar por negar meu amor por completo —, no mesmo instante se cria um vácuo psíquico. E o medo se apressará para preencher este espaço.

Isso se aplica ao que penso tanto a respeito de outros como sobre mim. Tendo focado os aspectos da sombra do outro, não posso deixar de adentrar naqueles que fazem parte da minha própria: o aspecto raivoso, o controlador, o carente, o desonesto, o manipulador e assim por diante. No momento em que adentro as trevas da culpa e da recriminação, fico cega com minha luz e não encontro meu melhor.

Ou, ao esquecer a verdade essencial do meu ser — não gostar de mim por não saber estimar a luz divina que habita dentro da minha pessoa —, caio facilmente na armadilha do comportamento autodestrutivo. Eu me envolvo em qualquer tipo de autossabotagem que faça os outros esquecerem, tal como eu esqueci, de quem sou de fato. Estejamos atacando os outros ou atacando a nós mesmos — a sombra provê a tentação para chegar a ideias de destruição e insanidade.

A mente, em seu estado natural, está em constante comunhão com o espírito do amor. Mas a sombra, assim como o amor, tem seus embaixadores dentro de nós — os pensamentos que regularmente nos atraem a nos perceber de modo desapaixonado. "Ele disse que ia me contratar e não contratou; é um canalha." "O posicionamento político dela me dá nojo; não suporto essa pessoa." "Coma o bolo até o fim; não interessa o que o médico falou." "Você pegar ou não pegar o dinheiro não vai fazer diferença; nunca vão descobrir." O mundo é dominado por conceitos de medo e somos repetidamente fortalecidos em nossas crenças na sombra.

Na ausência de oração ou meditação — uma experiência de amor em comum entre Criador e criaturas —, ficamos facilmente tentados a nos sentir sem amor, adentrando, assim, a zona sombria dentro de nós. Estejamos projetando a culpa em outros, ferindo de fato os outros ou nos envolvendo em algum comportamento viciante ou autodepreciativo, que faz mal primariamente a nós, a sombra exerce uma influência horrível.

Mas por que a surpresa? A maioria acorda pela manhã e rende o cérebro às trevas. A primeira coisa que fazemos é ligar o computador, ler o jornal ou ligamos o noticiário do rádio ou da TV. Fazemos o download de formas mentais de medo que vêm do mundo inteiro, deixando que nossas mentes, no momento em que estão mais abertas a novas impressões, sejam influenciadas pelo conceito movido ao medo que domina nossa cultura. É *óbvio* que reagimos à sombra, pois tudo que vemos é sombra! É *óbvio* que ficamos deprimidos, infelizes, desorientados e cínicos. O mundo é dominado pelo conceito movido ao medo e, no plano mortal, o medo fala primeiro e mais alto. Aqui não há trevas a se analisar, mas sim, a luz que precisamos acender! Para evitar as garras da sombra, temos que ir atrás da luz sempre.

A voz do amor é chamada, tanto no Judaísmo quanto no Cristianismo, de "voz mansa e delicada" de Deus. É a voz do iluminador, e mesmo cinco minutos de meditação séria pela manhã garantem que ela vá guiar nosso pensamento ao longo do dia. Como esse mundo seria melhor se mais de nós pudéssemos cultivar o sagrado no cotidiano. Nosso excesso de atarefamento geralmente é nosso inimigo, que nos dificulta a desacelerar o suficiente para inspirar os pontos etéreos dos planos espirituais. Do mesmo modo como às vezes nos sentamos na frente dos nossos computadores enquanto um arquivo está baixando, sabendo que não há algo que possamos fazer para apressar o processo, não há outra maneira de fazer um aceno rápido ao amor conforme saímos correndo pela manhã e esperamos que os reinos das trevas e do medo não invadam o nosso dia.

Ao desacelerar, é mais provável que cultivemos a quietude. O estilo de vida moderno é vítima de pensamentos sombrios por nenhum motivo fora o barulho que eles geram. Televisão demais, computador demais e estímulos externos em excesso diminuem a luz que se encontra apenas no raciocínio reflexivo e contemplativo. O silêncio é um músculo atitudinal que formamos, que nos dá a capacidade de transformar mais facilmente as energias conjuradas pelo *self* da sombra.

Outra maneira de cultivar a luz é comungar com outros em um espaço sagrado. Em grupos espirituais, unidos em amor e devoção — religiosa ou de outra vertente —, um campo de amor é ampliado de modo que eleva todos os membros do grupo a uma vibração superior. Quando você está na igreja, na sinagoga, nos encontros de recuperação ou em outras meditações em grupo, ouvir seu coração parece natural. Seu *self* da sombra parece distante, nem evidente nem provocado. A tentação de adentrar sua sombra ainda existe e precisa ser tratada, mas uma das maneiras que a sombra fica diminuída é juntando-se a outras na busca por luz.

Quando estamos com outras pessoas que ficam dizendo "Quero ouvir meu coração, quero ouvir qual seria a coisa mais amorosa, quero ser ético, quero ouvir a voz de Deus", fica mais fácil viver dessa maneira. Como qualquer hábito, é mais fácil cultivá-lo quando estamos ao redor de outros que fazem o mesmo. Ao desenvolver os hábitos da prática espiritual, você se fundamenta na luz de sua verdade. Se não se fundamentar, não se surpreenda quando disser ou fizer coisas das quais vai se arrepender.

Em um dia comum na vida de uma pessoa comum, é astronômico o número de pensamentos sombrios que brotam. Damos o nosso melhor, tentamos ser bons, mas nosso cérebro está em constante atividade, e a tendência para o conceito movido ao medo está

SÓ A LUZ PODE AFUGENTAR AS TREVAS | 175

sempre lá. Mas o iluminador também está. E o iluminador é autorizado por Deus a nos dar a ajuda que precisarmos.

Certo dia, conversando com meu terapeuta, dividi com ele que me sentia em um espaço negativo. Disse que estava em modo de autodepreciação.

Ele me perguntou: "O que você tem contra si?"

Eu respondi: "Eu me odeio porque sou muito negativa." Percebi a ironia, mas não consegui rir. Ou quem sabe tenha rido.

Ele sugeriu que eu tentasse uma coisa. "Entre no fluxo da gratidão", disse. "Sempre que tiver esse tipo de pensamento negativo, passe a nomear todas as coisas pelas quais você devia ser grata."

E descobri que essa técnica é muito potente. Passei horas num alvoroço pessimista, mas, assim que iniciei o fluxo de gratidão, foi como se minha sombra desaparecesse, tal como a Bruxa Malvada derreteu quando Dorothy jogou água.* Foi o mesmo fenômeno, aliás. A sombra nem é real. Só parece. Assim que ela é exposta à luz, as trevas desaparecem. O problema, portanto, não era só a presença da minha negatividade, mas a ausência da positividade! Assim que preenchi minha mente com gratidão, a característica sombria da autoaversão não teve mais como existir. Na presença do amor, o medo se vai.

Mas não subestimemos o poder da sombra. Não basta apenas meditar às vezes; deveríamos meditar diariamente. Se você for um viciado em recuperação, não basta ir a uma reunião uma vez ou outra; deveria participar das reuniões todo dia. Não basta perdoarmos algumas pessoas; devemos fazer o possível para perdoar todos, pois só o amor é real. Se eu o nego a qualquer um, então o nego a

---

* Alusão ao clássico best-seller The Wonderful Wizard of Oz, traduzido no Brasil como O Mágico de Oz, e publicado originalmente em 1900, nos Estados Unidos, de autoria de L. Frank Baum (1856-1919). Foi levado às telas do cinema em uma bem-sucedida adaptação de 1939, dirigida por Victor Fleming (1889-1949) e tendo a então estrela mirim Judy Garland (1922-1969) no papel da protagonista Dorothy.

mim mesma. E não basta amar só quando é fácil; temos de tentar ampliar nossa capacidade de amar mesmo quando é difícil.

Se quisermos afugentar as sombras que nos rondam hoje, seja nas nossas circunstâncias ou pelo planeta, é preciso nada menos que a iluminação sagrada. E cada um de nós pode agregar à luz o nosso amor. É claro que amamos nossos filhos, mas não basta mais apenas amá-los. Temos de aprender a amar as crianças do outro lado da cidade e do outro lado do mundo. É fácil amar quem concorda conosco e nos trata bem. Temos de aprender a amar aqueles com quem não concordamos e que não nos trataram necessariamente de forma justa. Assim como trabalhamos para formar nossos músculos, temos que trabalhar para ampliar nossa capacidade de amar.

Só existe uma coisa que pode triunfar sobre o *self* inferior, nosso *self* da sombra: nosso *self* superior. E o *self* superior habita no amor mais alto que há: o amor de nosso Criador, no qual não há trevas, nem sofrimento nem medo. Psicologicamente, foge à realidade subestimar o poder da sombra, mas é espiritualmente imaturo subestimar o poder de Deus. A oração não é apenas um símbolo; é uma *força*. A meditação não é apenas algo que nos relaxa; é o que harmoniza as energias do universo. O perdão não faz apenas com que nos sintamos melhores; ele transforma o coração. Todos os poderes que emanam de Deus são libertadores.

Para a sombra, a luz é uma inimiga. Mas, para a luz, a sombra é nada. Ela simplesmente não existe.

## A PROPÓSITO, ELA ESTÁ CHEGANDO

A consciência é uma energia dinâmica, criativa. Ela não é inerte, não fica estagnada. Ela está sempre se expandindo na direção que for. O amor sempre vai se construir sobre o amor e o medo sempre vai se construir sobre o medo. A sombra é um ímpeto inexorável rumo ao sofrimento e à dor.

Mas como é que essa coisa — que é em si uma ilusão, que em si não tem vida — age como se existisse? A resposta é que, embora o medo em si não seja real, o poder do pensamento que o transporta é. O medo é como uma carga explosiva e o pensamento é o míssil que o carrega. A mente é criada para ser um canal do divino, que transporta explosões de amor, mas, com o livre-arbítrio, podemos dirigi-la de outro modo, caso assim decidamos.

Sua mente sempre está expandindo amor ou projetando medo, tanto quanto subconscientemente planeja como fazer mais do mesmo. A sombra é sua mente voltada contra você. Assim como Lúcifer era o anjo mais belo do Céu antes de cair e uma célula cancerígena era uma célula de funcionamento normal antes de ficar descontrolada, a sombra é seu pensamento voltado na direção errada. É seu ódio de si mascarado de amor-próprio. Sua sombra é tão inteligente quanto você, pois é sua inteligência cooptada para os propósitos do medo. Tem todos os atributos da vida, porque se ligou à sua vida. E, tal como toda a vida, ela busca se preservar.

Sempre que o amor está perto, a sombra se torna particularmente ativa para se proteger contra sua morte. Ela sabe que o amor é seu único inimigo real. Quando a sombra sente o amor, quando sente a luz em você, ela corre para se salvar. Ela vai tentar, de toda maneira que lhe for possível, invalidar, suprimir, maldizer o que há de bom em você — pois sabe que, assim que você se lembrar da sua verdadeira luz, ela se foi. Por isso, ela resiste.

Daí a famosa frase "O amor atrai tudo que ele não é". Você conhece alguém com quem sua alma sente uma conexão sagrada? Cuidado, é provável que cometa uma burrice na presença dessa pessoa. Você tem uma chance extraordinária de manifestar seus sonhos? Cuidado, é provável que sabote a oportunidade. E essa é a sombra: o gêmeo malvado do que você tem de melhor.

Até que exista um distanciamento consciente do medo em direção ao amor, a energia dinâmica do medo agirá como força destrutiva e implacável. Pode levar a algo aparentemente pequeno como um incidente no qual você diz uma coisa imbecil, mas inofensiva, ou a algo importante como uma atitude que poderia arruinar sua vida. Não devíamos nem subestimar nosso poder nem duvidar de nossa crueldade, pois a sombra está em alvoroço — às vezes de maneira lenta e bem prolongada e às vezes mais rápida —, mas é sempre intencional no sentido da dor.

Nos Alcoólicos Anônimos (AA), diz-se que o alcoolismo é uma "doença progressiva". Isso quer dizer que ela não fica parada; se você tem problemas com álcool hoje, então, se não souber lidar com ele, amanhã terá obstáculos maiores. E sua maior meta é a destruição, a ponto da morte. Vícios como o alcoolismo não têm a ver só com a bebida em si; têm a ver com o movimento de energia escura, com a força sombria que assola tanto o corpo quanto a alma. E o motivo pelo qual milhões de viciados ficaram sóbrios através do AA é que o programa esclarece que só uma experiência espiritual pode salvá-los. Só Deus tem força o bastante para superar a sombra, seja lá qual for a forma que ela assuma.

Quando Jesus disse, na Bíblia, que deveríamos nos regozijar porque ele havia "vencido" o mundo, a palavra que ele escolheu tem um fascínio particular. Ele não disse que havia "consertado" o mundo. Ele disse que havia "vencido" forças obscuras, ao ser erguido ao reino da consciência no qual formas mentais inferiores não tinham mais poder para limitá-lo. E esse é o desafio que a sombra nos apresenta: que estiquemos nossos braços o suficiente para tocar a luz superior — a sanidade profunda de uma perspectiva mais elevada e mais amorosa — para que ela fique impotente em si mesma.

## SOMBRAS EM GRUPO

Todos nós reconhecemos a sombra quando ela assume a forma individual: uma pessoa que é irritada, controladora, desonesta, violenta e assim por diante. Mas, às vezes, é igualmente importante reconhecer a sombra coletiva, a sombra de um grupo. Grupos como as nações são constituídos por indivíduos; assim, não surpreende que as características das personalidades de seus membros apareçam no comportamento coletivo do grupo. Mas o menos óbvio é como a energia criada em um grupo — seja amorosa ou temerosa — é amplificada; a energia de duas ou mais mentes pensando da mesma maneira não é apenas a soma das duas. Ela cresce exponencialmente.

Um exemplo é o terrorismo. Uma ideologia patológica pode se espalhar como câncer por uma população inteira. Assim que um número de pessoas grande o bastante embarca nas formas mentais destrutivas que constituem a ideologia, a força de suas energias combinadas pode ser realmente desconcertante até para os fornecedores de força bruta com tecnologia mais avançada. O motivo pelo qual isso é válido é que o poder real da ameaça terrorista está não só nas raízes ideológicas, mas na convicção ardorosa com que tanta gente se atrai a essas convicções. Terroristas têm *convicção*, e nisso jaz seu poder. Nosso poder de anular a intensidade destrutiva dos terroristas jaz na capacidade de *amar* com a mesma convicção que eles demonstram no ódio. Odiando com convicção, eles atraem mais este sentimento ruim; quando amarmos com mais convicção, atrairemos mais amor.

Do mesmo modo como nenhuma pessoa é perfeita, nenhum grupo o é. A sombra se esconde da percepção consciente tanto do indivíduo quanto do coletivo, posando sempre como a luz, embora ela seja a essência das trevas. Há uma frase de Ralph Waldo Emerson que descreve a sombra do nacionalismo quando posa de pa-

180 | O EFEITO SOMBRA

triotismo: "Quando uma nação inteira ruge o patriotismo a plenos pulmões, vejo-me obrigado a explorar a higiene de suas mãos e a pureza de seu coração." É comum que o momento em que um grupo mais viola seus princípios seja o momento em que mais afirma, e com mais entusiasmo, que os defende. A sombra é ardilosa no modo como encobre seu rastro, seja usando a religião para acobertar as pessoas que queimam na cruz ou usando o patriotismo para acobertar desventuras imperialistas.

Porém, tal como a sombra coletiva pode nos diminuir, a luz coletiva pode nos elevar. Toda grande literatura, contos de fadas, filmes como *Avatar* e livros como os da série Harry Potter; além, obviamente, da prática religiosa ou espiritual genuína — todos esses exemplos são raios de luz coletivos.

No filme *Avatar* (2009), dirigido por James Cameron, a sombra coletiva dos Estados Unidos contemporâneos está à plena mostra. Vemos o casamento arriscado do capitalismo predatório com o poderio do militarismo norte-americano, uma arrogância intelectual que desautoriza consideração a princípios espirituais, um desprezo pela sacralidade do meio ambiente, e uma tendência imperialista a tomar o que quiser sem outro motivo que não seja porque o quer. A feiura da sombra dos Estados Unidos ganha holofote total nessa verdadeira via-crúcis de filme. Mas o que eleva a história além do mero apontar de dedo ao nível de iluminação é sua perspicácia em relação à luz que nunca fica muito longe da sombra.

O iluminador está sempre posando de alternativa às trevas, atraindo corações amorosos à cena da sombra do mesmo modo que células sanguíneas vermelhas são atraídas a uma ferida. Sim, há personagens no filme que representam o que temos de pior, mas também há personagens que representam o que temos de melhor. E isso é importante. Dentro de cada indivíduo, assim como no interior de todo grupo, existem os melhores anjos da nossa natureza. Assim como nas trevas, eles estão em movimento (perceba que anjos sempre são retratados com asas e o Diabo, não). E, no grande escopo das coisas, a luz sempre vencerá. Nas palavras do dr. Martin Luther King Jr., "O arco moral do universo é grande, mas ele pende para a justiça". Podemos nos esquecer da verdade, mas o universo nunca a esquece.

Cada pessoa e cada grupo têm uma sombra — isso não nos torna maus. Torna-nos humanos. O sentido está em não odiar a sombra, pois ela é simplesmente nossos espaços feridos que precisam de cura. Mas também não devemos negá-la, pois as trevas só se dispersam quando vêm à luz. Temos que encarar a sombra, tanto como indivíduos quanto como grupos — fazer isso não é um ato de ódio a si, mas de amor-próprio. Os verdadeiros peregrinos são aqueles que encaram as trevas e as rendem com o poder do amor; os verdadeiros patriotas são aqueles que encaram as trevas de sua nação e as rendem com o poder da verdade.

Mesmo quando estamos perdidos na nossa sombra, há uma parte de nós que sabe o que é melhor. Até em um grupo que demonstre comportamento desvirtuado, sempre haverá indivíduos que resistem em prol da verdade — sejam os alemães arianos que esconderam judeus durante a Segunda Guerra Mundial, pondo as próprias vidas em risco, ou os terráqueos que vieram heroicamente na defesa da coletividade Navi de Pandora, em *Avatar*. Também há evidências históricas, assim como a tradição mística, que revelam o triunfo supremo do amor. A significância da Segunda Guerra Mundial está não apenas na malignidade de Hitler, mas no brilhantismo e no sacrifício daqueles que o derrotaram. A verdade arquetípica de *Avatar* está não apenas na violência cometida contra os Navi, mas em como essa violência foi aniquilada. O sentido final das grandes histórias religiosas não é a crucificação, mas a ressurreição; não é a escravização dos israelitas, mas sua salvação rumo à Terra Prometida. Nos dias atuais, com tantas sombras nos ameaçando, cabe a nós lembrar que as sombras parecem muito escuras, mas não são nada diante da verdadeira luz.

182 | O EFEITO SOMBRA

Pode ser difícil aceitar essa verdade quando toda prova racional aponta não apenas a realidade da sombra, mas sua permanência. O milagre da iluminação, contudo, não vem da evidência racional; ele "cai do céu", um símbolo visual consumado para os reinos da pura potencialidade. A capacidade de progresso infinito emerge quando nossa adoção proativa da luz é maior do que nosso medo do escuro.

Não temos como perceber a luz com os olhos humanos. É uma realidade que pede outro tipo de visão. A manifestação mortal é "real", mas só o amor imortal é "real". Nas palavras do físico alemão Albert Einstein (1879-1955), ao falar do mundo físico, "A realidade é meramente ilusão, ainda que persistente".

Se nos identificamos apenas com o mundo mortal, aí parece que o medo é justificado. Mas se ampliamos nossas percepções além desse mundo, então vemos as coisas à luz mais elevada e mais esperançosa. Vemos que está programado na verdade das coisas que o amor sempre se reafirmará. Embora estejamos condenados a cair na sombra — a descer ao submundo mental de nossos espaços ainda feridos —, temos também garantida a salvação. O iluminador é uma presença eterna, ativa não apenas dentro do coração de cada um, mas dentro da *psique* coletiva. Quando indivíduos se curvam, pedindo perdão e correção, é aí que chega a piedade. O mesmo vale para um grupo. Quando o ex-chanceler alemão Gerhard Schroeder pediu desculpas ao povo polonês pelo assassinato de meio milhão de poloneses durante a Segunda Guerra Mundial, e quando o papa João Paulo II (1920-2005) pediu desculpas pela Inquisição, esta "purificação da memória", tal como essas admissões foram caracterizadas pelo finado papa, convocaram uma luz da consciência do céu e as sombras se dispersaram.

Os indivíduos estão na trilha do destino, assim como os grupos. Às vezes, damos dois passos na direção do amor e depois um passo para trás, de volta à sombra. Mas a atração da luz é, em última análise, muito maior que a atração do escuro.

## BOAS INTENÇÕES NÃO BASTAM

A mente moderna ganha uma estima que não merece — ela é arrogante em crer que pode "decidir" o que quer e aí faz isso acontecer. Mas pense nas coisas que não estão à sua disposição: o fim do sofrimento desnecessário, a paz mundial, um planeta saudável. Por que, num mundo cheio de gênios, a sombra ainda ronda e causa problemas?

Um dos motivos pelos quais o mundo moderno continua sob o efeito da sombra é que ele não reconhece as raízes metafísicas dela. O mal é uma energia, tal como o amor. Ela surge do medo, que surge da falta de amor. Tentar erradicar as trevas apenas por meios materiais é lidar com ela apenas no nível do efeito, mas não da causa. Você pode cortar uma verruga, mas ela vai crescer de volta se suas raízes não forem cauterizadas. E as raízes do mal não são materiais.

No entanto, existe uma diferença entre energia não material que é apenas mental e a que é espiritual. Hoje muitos têm uma visão inflacionada do poder da "intenção". Mas, na verdade, como se diz em *Um curso em milagres*, suas boas intenções não bastam. Para os alcoolistas, a mera *intenção* de não beber mais não dá conta do recado; a mera *intenção* de ser um cônjuge melhor não basta quando uma mudança de comportamento se faz necessária. Porém, às vezes não é fácil mudar um comportamento em nossas vidas. A mera intenção de ser melhor pode ser vencida pelo poder da sombra. A sombra pode anular nossas melhores intenções e só o amor pode anulá-la.

O amor é Deus e Deus é amor. Se as pessoas convocam Deus usando o nome "Deus" ou simplesmente abandonam qualquer resistência ao amor — e nesse caso Deus está presente, mesmo que não seja reconhecido —, o poder divino do amor é o único com força para banir o mal. Seja na sabedoria em reconhecer que alimentar as crianças famintas do mundo é uma das melhores manei-

## 184 | O EFEITO SOMBRA

ras de eliminar futuros ataques terroristas, ou em entregar a Deus os nossos defeitos de caráter e pedir que sejam extirpados, há uma deferência ao poder elevado do amor sem o qual não temos como superar o poder do medo.

O covil da sombra não está em sua mente consciente, mas no seu subconsciente. Você não decide *conscientemente* fazer uma burrice. Você não decide *conscientemente* dizer uma coisa que fará seu cônjuge odiá-la. Você não decide *conscientemente* se embebedar no casamento de sua filha e estragar tudo. "Foi o Diabo que me obrigou" não é uma ideia tão tosca quanto parece. O Diabo ri das boas intenções. Mas ele não ri das orações, da expiação, do perdão e do amor. Essas coisas o fazem ir embora.

O que nos leva ao tema da religião. Por que, se a religião é um canal para o amor divino, tanto mal ainda ronda o mundo e ele está presente mesmo nas nossas fileiras? Como que uma das maiores instituições religiosas no mundo consegue abrigar pedófilos na sacristia? E a resposta é: algumas religiões não têm nada a ver com Deus. Aliás, no mínimo, a sombra — a força energética contrária a Deus — ama brincar nos campos da religião. Ela ama confundir, e é definitivamente confuso à mente quando a doutrina ou o dogma baseados no amor são na verdade uma forma de encobrir o mais grosseiro desamor.

Se uma pessoa religiosa odeia, Deus não está presente. Se um ateu ama, Ele está lá. Como é mostrado em *Um curso em milagres*, o versículo da Bíblia que diz "Deus não se deixa escarnecer" significa que *não se zomba* de Deus.

Quando se busca discernimento religioso, contudo, é importante não misturar alhos com bugalhos. A raiz latina da palavra "religião" é *religio*, que significa "religar". A religião de verdade — seja a que ocorra no contexto de uma instituição organizada ou em uma espiritualidade mais universal — nos reconecta à verdade de quem somos, ao amor no nosso cerne e à compaixão que cura. A única maneira de vencer a sombra é nos tornar nossa verdade, e qualquer coisa que nos leva àquele lugar é, em essência, uma experiência religiosa. Para algumas pessoas, é uma experiência na igreja, na sinagoga, na mesquita ou no santuário; para outros, é a experiência de uma prática espiritual ou psicoterapêutica; para algumas, é a experiência da natureza; para outras, é a experiência de ter uma criança nos braços pela primeira vez. O sentido não é o que nos leva a ter a experiência, mas sim o que nos acontece e acontece dentro de nós quando estamos lá. Alguma coisa muda quando nos voltamos ao cerne do nosso ser, mesmo que só por um instante. Ele nos dá uma prova do que é possível, dentro de nós e ao nosso redor. Ergue o véu que encobre a realidade do amor, e a extensão do nosso verdadeiro poder. Assim que nos realinhamos com nossa natureza essencial, temos poder de sumir com as sombras.

Segundo *Um curso em milagres*, "Milagres acontecem naturalmente como expressões de amor". Sempre que nossos corações se abrem, as trevas dão lugar à luz. Nesse meio tempo — seja um tipo de remédio que não inclui a perspectiva holística, uma religião que não inclui o amor, uma terapia que não inclui um poder superior, ou uma relação que não inclui uma dimensão sagrada —, a sombra vai rondar nossa porta até achar um instante de medo. Então, naquele momento, ela vai penetrar as trevas e enfiar uma estaca no coração dos sonhos do indivíduo.

## ASSUMIR E EXPIAR

Não importa o quanto saibamos sobre a sombra: o sentido é se livrar dela. Mas, para tanto, primeiro temos que assumi-la. A solução para o problema da sombra, tanto no pensamento judeu quanto no cristão, é o princípio da expiação. É a ideia de que, assim que reconhecemos nossos pecados e os entregamos a Deus com arrependimento genuíno, estamos libertos de suas consequências espirituais. (O "pecado" deriva de um termo de arco e flecha que significa que você errou o alvo; o sentido espiritual da palavra "pecado" é "erro".)

Buda descreveu a lei do *karma*, que basicamente significa causa e efeito — ação, reação, ação, reação. O princípio da expiação significa que, em um momento de graça, o karma ruim é queimado. A expiação é uma espécie de *reset* cósmico, a partir do qual pensamentos em sombra mortais são desfeitos e substituídos pela perfeição do amor.

Na religião católica, a prática da confissão é uma experiência constante de expiação, quando os penitentes confessam seus pecados e pedem perdão a Deus. Na religião judaica, o Dia do Perdão (ou da Expiação), o *Yom Kipur*, é o mais sagrado do ano. É o dia em que os judeus reconhecem e pedem perdão por todos os pecados cometidos durante o ano até ali; eles pedem a Deus a chance de serem inscritos em outro ano no Livro da Vida. Nos Alcoólicos Anônimos, recomenda-se aos viciados fazer um inventário moral sem temor, admitindo seus defeitos de caráter e pedindo a Deus para removê-los. Todos esses são exemplos do processo espiritual por meio do qual a sombra, quando vem à luz, é, então, transformada pelo poder da expiação.

A expiação existe porque é necessária. Somos todos humanos, somos todos feridos e todos nós sucumbimos ao lado sombrio da existência humana. Somos todos caídos, sim, mas não ficamos sem meios de nos reerguer. Para tanto, contudo, devemos nos comprometer com o poder que reconstrói nossas asas. Devemos estar dispostos a trazer nossas trevas à luz e a entregá-las, conscientemente e com disposição, a Deus.

Digamos que percebi que uma situação difícil na minha vida foi provocada por um erro meu ou defeito de personalidade. Talvez eu tenha sido controladora numa relação e por isso gerei conflitos com amigos ou familiares. A expiação pede que eu reconheça meu aspecto da sombra — nesse caso, minha natureza controladora — e peça a Deus para removê-la.

Como já discutimos, não basta dizer: "Ok, vou deixar de ser controladora." É claro que é uma boa resolução e pode ajudar muito no sentido de corrigir comportamentos. Mas, quando uma característica é um padrão real e intrínseco à sua personalidade — uma face sombria que é você no seu pior estado, ou próximo do pior —, então ela fica entrincheirada dentro da sua matriz comportamental. Não basta decidir ser diferente, pois a sombra anulou seus poderes normais de tomada de decisão. Assim que uma persona sombria se desenvolve — você e seu cinismo, você e sua inveja, você e sua ira —, a cura exige que você se expie: que assuma a responsabilidade pelo estrago que já deve ter causado e peça a Deus para mudar seu coração.

É de importância crítica que olhemos profundamente para nossos pensamentos e nossas ações — particularmente quando eles foram errados. Ao fazer isso, estamos nos dirigindo não só a nossa sombra individual, mas à sombra coletiva. No fim das contas, a cura do mundo vai emergir não só de transformar e corrigir os outros, mas da nossa disposição em mudarmos e nos emendarmos. Já que todas as mentes estão unidas, nossa capacidade de nos corrigir tem uma influência corretiva no universo inteiro. De modo bastante real, é a única coisa capaz de fazer isso.

Essa correção pode começar por uma cutucada da parte da consciência. A consciência é uma vergonha saudável — um desconforto temporário que vem não da sombra, mas da luz. Só os sociopatas, afinal, não têm remorso. Existe algo dentro de nós que sabe quando agimos errado e que é parte do que nos faz humanos.

O processo de expiação envolve coragem, compaixão e honestidade para consigo: "Eu levanto o assunto. Percebo que é uma mágoa que tenho. Disponho-me a olhar para ela e disponho-me a mudar." Quando uma situação é difícil, é fácil jogar toda a culpa do problema nos outros. Mas os que buscam de verdade dizem: "O que *eu* fiz de errado? Qual foi a *minha* parte nesse desastre?"

Se não percebermos onde fomos desleais, grosseiros, inflexíveis, desrespeitosos, gananciosos, dominadores e assim por diante, então não temos como mudar essa coisa. Se apenas reprimimos nossa sombra, tentando renegá-la, então ela existe em um fractal desintegrado da nossa personalidade. E não temos poder algum sobre o que não exploramos. Seja como for, ela vai agir como um terrorista emocional embutido dentro da nossa *psique*, que pode nos emboscar a qualquer momento. Ela vai se fazer conhecida em uma ou outra situação como um grito psíquico que não temos como ignorar. Essa é a maneira brilhante que a natureza tem de nos obrigar a olhar algo, pois nada exige mais da nossa atenção do que passar por um desastre pessoal e saber que fomos nós que o provocamos.

A sombra age como uma série de minas terrestres na sua personalidade. Você acha que está indo muito bem — preparou sua lista, criou sua empresa, fez seu plano de negócios, juntou seu dinheiro —, que tem tudo acertado, e aí faz uma coisa que estraga a situação. Mal dá para acreditar. Não foi outra pessoa — foi *você* que estragou tudo. E finalmente percebe que, até lidar com essa porção da sua personalidade, pode estragar tudo de novo.

Uma vez perguntei a uma mulher: "Você está saindo com alguém?" E ela disse: "Eu me odeio quando estou em relacionamentos. Prefiro não estar." Muita gente se reconhece aí. Nós nos dizemos: "Eu nem quero entrar nisso. Não quero atrair um relacionamento, uma oportunidade de negócio ou seja lá o que for, até ter curado a porção de mim que vai sabotar tudo quando e se acontecer."

É preciso coragem para olhar dentro de nós com profundidade, mas não temos como ter liberdade e paz de verdade até que isso aconteça. É por isso que precisamos ter cuidado para não enfatizar exageradamente uma viagem rápida e fácil à felicidade. A iluminação nos leva à alegria, mas não de imediato. Primeiro temos que encarar a tristeza que fica na frente disso.

Temos que reservar um tempo para refletir sobre nossa disfunção, nossas sombras, pois, a não ser que as olhemos de frente, elas permanecem onde estão. Só que isso pode ser difícil. Curamo-nos por meio de uma espécie de detox, e, às vezes, temos que encarar emoções difíceis quando elas vêm à tona. Alguma coisa emerge das sombras de nossa mente subconsciente, nos dando chance de enxergar com clareza, e ficamos horrorizados em pensar que já fomos assim. Mas não ficamos ali sem a ajuda do iluminador. Se assim decidirmos, podemos entregar nossas trevas e pedir que elas passem pela cura. Deus não vai tirar de nós o que conscientemente não entregamos a Ele, pois seria uma violação do nosso livre-arbítrio. Mas aquilo que entregamos e pelo que expiamos é, desse modo, transformado.

Esse trabalho interno pode ser doloroso, mas é vital e inevitável. A dor emocional é importante, tal como é a dor física. Se você tivesse uma perna quebrada e não fosse doloroso, como saberia que ela precisa de tratamento? A dor física é um jeito que o corpo tem de dizer: "Perceba. Cuide. Dê atenção." E a dor mental é a mesma coisa. Às vezes, precisamos dizer: "Preciso cuidar desta dor. Por que ela está aqui? O que esta situação quer me dizer? Com quais porções de mim preciso lidar?" Se você vai ao médico com um joelho quebrado, o médico não diz: "Bem, vamos ver esse cotovelo." Com Deus é a mesma coisa. É preciso dar atenção à ferida. E o médico, tanto o humano quanto o divino, não está lá para julgá-lo, mas para curá-lo.

Costumamos ter medo de olhar nossa sombra, pois queremos evitar a vergonha ou o embaraço que pode advir da admissão dos nossos erros. Sentimos que, se olharmos para nós bem profundamente, ficaremos muito expostos. Não queremos olhar nossa própria sombra, pois temos medo do que vamos enxergar. Mas a única coisa que de fato devíamos temer é *não* olhar para ela, pois negá-la é exatamente o que a alimenta.

De início você diz: "Eu não quero olhar, pois vou me odiar." Mas aí diz: "Não, tenho que olhar, pois de outro modo não posso entregá-la a Deus." Quando faz isso, acontece algo que é contraintuitivo e maravilhoso. Um dia, analisei algo em mim que eu vinha evitando porque doía demais. Mas, assim que o olhei, tive uma surpresa inesperada. Em vez de sentir aversão a mim, fui inundada de compaixão, pois percebi com quanta dor eu teria que estar para desenvolver esse tipo de mecanismo de enfrentamento.

Todos nós temos cicatrizes, mas o problema é que nossas chagas não transparecem aos olhos dos outros. Elas aparecem como defeitos de caráter. Se uma criança de três anos está aos gritos e chorando, é provável que digamos: "Oh, a coitadinha está cansada." Mas, quando você tem quarenta anos e está aos gritos e chorando — mesmo que sua dor seja diretamente relacionada a seu trauma aos três anos —, as pessoas não dizem: "Oh, ela está cansada." Elas dizem: "Ela é horrível."

Seus defeitos de caráter não são o ponto em que você é ruim, mas onde tem uma ferida. Mas, independentemente do que ou de quem tenha causado essa ferida, agora é sua e você é o responsável por ela. A única pessoa que pode trazer isso à tona e libertá-la é você. No fim das contas, não interessa onde você adquiriu seus defeitos de caráter. Agora eles são seus. Você não pode viver com uma placa em volta do pescoço que diz: "Não é culpa minha. Meus pais eram difíceis." Sua única maneira de sair dessa charada é assumir total responsabilidade por esses defeitos.

Seus defeitos de caráter são o modo como você se autossabota, a maneira como faz mal a si e aos outros. É por isso que precisa analisá-los. Até assumir total responsabilidade pela experiência que tem, você não tem como mudar essa experiência. Mas assim que se analisar verdadeiramente, pode começar a se curar. Você abriu os olhos e agora enxerga. "Vi o que eu fiz. Admito. Entendo. Expio meu erro. Disponho-me a fazer as pazes. Disponho-me a compensar. E torço para que me torne uma pessoa melhor."

Nos momentos em que tomou atitudes por conta da sua sombra, não aconteceu de você acordar naquela manhã e dizer: "Acho que hoje vou ser um babaca." Você não entrou numa reunião e disse: "Vou falar e fazer tudo para os outros me desprezarem." Não, nesses momentos, você não percebeu o que fazia. Estava sob o efeito da sombra. A sombra o lançou nas trevas e a luz o cegou. Por isso, você sofreu.

A sombra nos leva a fazer algo estúpido e depois nos castiga de modo selvagem por sermos tão burros. Ela não tem piedade, mas Deus tem. O inferno é o que a sombra cria aqui, e o amor é o que nos liberta dele. A expiação é um aspecto do amor de Deus. Quando expiamos, nos libertamos dos padrões problemáticos e da trajetória de acontecimentos que resultaram desses padrões. Esse é o milagre da transformação pessoal. Após entregar nossas decisões passadas e equivocadas a Deus, podemos dizer, como em uma das orações de *Um curso em milagres*: "Não vou me culpar, pois, se eu permitir, o Espírito Santo anulará todas as consequências de minhas decisões erradas." Assim que pede perdão de coração sincero e humilde, você se liberta do turbilhão kármico do seu drama com a sombra.

Assim que reconhecemos quem somos na sombra, podemos prosseguir em nossa jornada de volta à luz. Não nos curamos derramando tinta rosa sobre nossas questões, fingindo que não estão aqui ou pondo a culpa de todas elas nos outros. Curamo-nos ao saber que quaisquer sombras que escondem nossa luz ficam aquarteladas dentro de nossas mentes. É nossa responsabilidade admitir que elas estão lá, abrir as portas para Deus e deixar que Ele as expulse com a luz. É o que Ele sempre faz e sempre fará.

## PERDOE-SE, PERDOE-OS

Alguém pode ter lhe feito mal quinze anos antes e até hoje você não para de falar do que essa pessoa lhe fez. Mas, se tiver sinceridade consigo mesmo, é possível que tenha feito mal a alguém quinze anos antes e há catorze nem dá bola para o ocorrido. Somos ótimos em ver o que os outros fizeram conosco, mas não muito bons em reconhecer o que podemos ter feito a eles.

A sombra não tem problema em focar ela própria — desde que seja a sombra dos outros! "Aquela pessoa está mostrando sua sombra e aquela outra pessoa está mostrando sua sombra e todos ali estão mostrando sua sombra. Mas eu? Que sombra?" Mais mal é provocado por gente que acha que está certa do que por gente que percebeu, humildemente, que não está. Pessoas que também olharam de modo profundo na sombra sabem que não é uma coisa pequena ou um erro trivial — é uma força contrária cósmica à bondade do mundo, e basta que se apresente qualquer oportunidade para ela devastar o coração humano. Não existe maior oportunidade para a sombra do que nós pensarmos que todos nossos problemas estão nos outros.

A projeção de culpa nos outros é endêmica ao mundo mortal. Desde o instante em que nascemos, nos ensinam um sistema de crença que reforça nossa sensação de separação. "Estou no meu corpo e você está no seu. E Deus está fora de nós." Mais percepção partida emana de nossa sensação de separação do que qualquer outra coisa.

Em primeiro lugar, se estou afastada de Deus, então estou isolada de minha origem, e tenho um trauma como o do bebê que fica traumatizado ao ser tirado da mãe. Esse trauma induz ao medo e, então, fico com propensão a um gatilho de qualquer pessoa ou situação que parece tomar de mim o que acho que preciso — mesmo que não seja o caso. Minha sombra se manifestaria como paranoia ou carência.

SÓ A LUZ PODE AFUGENTAR AS TREVAS | 193

Em segundo lugar, se estou à parte do restante do mundo, então me sinto impotente, dado que sou tão pequena e o mundo é tão imenso. Essa sensação de separação me leva a crer que sou impotente, quando, na verdade, como filha do divino, tenho recursos infinitos de força interior. Nesse caso, minha sombra se manifestaria como eu me fazendo de inferior e com muito medo de me fundar na minha força.

Em terceiro lugar, se estou aquém de outros, então me aparto da experiência do amor e da unidade que é meu direito de nascença como ser humano. Não posso deixar de sentir profunda solidão existencial em vez da alegria que deveria sentir na companhia de outros. Minha sombra se manifestaria ou como apego excessivo ou como apego mínimo aos outros, um complexo de superioridade ou de inferioridade, comportamento manipulador, atitude defensiva ou uma personalidade dominadora ou controladora.

Para terminar, todos os aspectos de separação mencionados envolvem uma sensação de separação do *self*, a partir da qual emergem todas as outras formas da sombra. Se estou apartado de mim e minha verdade é o amor, então estou separado dele. Minha sombra se manifestaria como algo que lembra o não amor comigo ou com os outros, do abuso de drogas à violência.

Já que todas as manifestações de sombra estão enraizadas em conceitos de separação, curar o pensamento equivocado de que somos isolados do restante da vida — de nosso Criador, de outras pessoas e de outras coisas criadas — é a solução definitiva para o problema da sombra. Essa reconciliação de mente e espírito, o retorno da alma a seu conhecimento divino, é o ponto de iluminação que afugenta todas as trevas.

E qual é a luz que vemos quando nossas mentes se reconciliam com a verdade? Vemos não só que somos uns com outros, mas também que todos nós portamos sementes do divino. Fomos criados por Deus, à imagem Dele, à Sua semelhança. Somos perfeitos, como são todas Suas criações. Merecemos de nós e um do outro a mesma piedade que Deus demonstra a cada um de nós. E quando nos lembramos disso — quando nossas mentes são curadas do delírio de que nossas sombras nos definem — então demonstrar piedade e perdão é algo que ocorre naturalmente.

O que importa não é a forma que sua sombra assume. A questão é que sua sombra se criou por um só motivo. Em um instante, o amor partiu — ou você achou que partiu. Não interessa se partiu na forma de uma mãe ausente ou um pai irritado. O que importa é que, naquele instante traumático, primordial, você perdeu o contato consciente com a experiência do amor de Deus. E teve uma loucura temporária. Hoje, toda vez que seu trauma é ativado, você volta àquela loucura. A questão não é o que provocou o trauma. No fim das contas, não importa qual drama mortal levou a tanto. O que importa é que seu espírito seja restaurado. O que importa é que você se reconecte com o amor *agora*, que sua mente se cure da insanidade *agora*, que você perdoe a si mesmo e aos outros *agora*.

O perdão não significa que você vai enxergar as trevas e aí lhe dar a anistia. Na verdade, significa que vai enxergar as trevas, mas vai optar por ignorá-las. E você ignora não porque as nega, mas porque sabe que a sombra não é real. Existe a negação negativa e a negação positiva. Você está simplesmente negando o que não está lá.

Quando você é carente, não é você de verdade. Quando você está fazendo cena, não é você de verdade. Quando está com raiva, não é você de verdade. O você verdadeiro é um ser divino, amável e imutável. Ele pode ficar temporariamente invisível, ocultado por um véu da sombra, mas não pode ser desfeito, pois foi Deus que o criou. Ele está sempre lá.

A sombra é um *self* ilusório, a máscara de um impostor. Ela tem efeitos "reais" no mundo mortal — desde se sabotar até afastar os outros —, mas o perdão significa prolongar sua percepção do real para o Real, das trevas mortais para a luz eterna. E, quando vê aquela Realidade, em si ou nos outros, você adquire o poder de invocá--la. Nós nos curamos quando nos sentimos perdoados. Curamo--nos na presença da compaixão. Se quer muito que alguém mude, o milagre está na capacidade de ver como essa pessoa já é perfeita.

A sombra não se estilhaça quando é atacada; ela se cura quando é perdoada. Não tiramos nossa máscara da sombra na presença de alguém que nos culpa, mas na presença de alguém que diz pelas palavras ou pela conduta "Eu sei que você não é assim". Nós nos curamos miraculosamente na presença de alguém que acredita na nossa luz mesmo quando estamos perdidos nas nossas trevas. E, quando aprendemos a ver os outros à luz do seu ser real, estejam nos mostrando aquela luz ou não, então temos o poder de prestar esse milagre a eles.

O perdão é uma ação, mas deriva de uma postura. Pode ser difícil perdoar alguém cujo comportamento nos fez mal, a não ser que tenhamos fundamentado nossas percepções no empenho constante em enxergar além das trevas da personalidade.

A prática espiritual é a chave para nosso poder como portadores da luz, pois não podemos prolongar a paz se não a cultivamos. Nossos pensamentos e atitudes precisam de treino persistente em um mundo tão decidido a nos convencer do que somos, de quem somos e de que não somos quem na verdade somos. O raciocínio do amor é completamente oposto ao raciocínio que domina o mundo; é por isso que precisamos ser constantemente *lembrados* da luz. Do mesmo modo como você toma um banho pela manhã para tirar do corpo a sujeira de ontem, pratica sua espiritualidade pela manhã para tirar de sua mente e seu coração o raciocínio de ontem.

O mundo está incessantemente nos seduzindo a pensar com medo em vez de pensar com amor — ataque, defesa, raiva, julgamento e assim por diante. Ele repetidamente nos convence que a sombra é real e que a luz não é. "Aquela pessoa *é* uma imbecil. Aquela pessoa *tem* que ser culpada. Aquela pessoa *é* culpada." Ou, de outro modo: "*Eu* sou um babaca. *Eu* mereço a culpa. *Eu* fui o responsável." Mas projetar a culpa em si acaba sendo tão blasfemo quanto projetá-la nos outros.

O perdão real significa saber que ninguém é culpado de verdade. Todos nós somos inocentes aos olhos de Deus. Nossa luz, não nossas trevas, é que é real.

## "NÃO RESISTAIS AO AMOR"*

Dado que Buda foi iluminado sob a árvore Bodhi e abriu caminho para uma vida de compaixão, dado que Moisés simplesmente tocou o mar e este se abriu, dado que Jesus foi ressuscitado e venceu a morte, você há de pensar que levaríamos esse tipo de coisa mais a sério. Você diria que aplicaríamos essas mensagens de modo mais consistente, abrindo nossos corações, dividindo águas e superando nossas ilusões.

Embora bilhões de almas confessem a crença nas religiões do mundo, há um passo evolutivo que aparentemente ainda não tomamos. A humanidade continua encurralada na sombra, apesar de todos os seres de luz e das mensagens de amor que emergiram ao longo da história. Os grandes mestres e professores são nossos irmãos anciões na evolução, seres que efetivam a luz divina que reside dentro de todos nós. Cada religião é uma porta para aquela luz, e, ainda assim, a porta fica muito tempo fechada.

Por que isso? Por que, dado o sofrimento que a sombra impõe, não aceitamos a luz com mais seriedade?

No meu livro *Um retorno ao amor*, parece que há um parágrafo que marcou muita gente. Há uma frase nele que creio que seja o motivo: *É a nossa luz, não as nossas trevas, que mais nos assusta.*

---

* Parafraseando a Bíblia Sagrada em Mateus, capítulo 5, versículo 39.

Parece que essa frase dispara um "Bingo!" em muita gente que a lê. Percebemos que nosso problema, se formos honestos conosco, não é tanto sermos encarcerados pela sombra, mas evitarmos a luz. Resistimos ativamente à emergência no nosso melhor *self*. Desde que não lidemos com isto, o padrão de fuga não é questionado nem desafiado. A única maneira que temos de fugir da luz é superá-la, largá-la como o saco de roupas velhas e puídas que é, e tornarmo-nos os gigantes espirituais que queremos ser.

Por mais bizarro que isso possa parecer, nossa sombra é uma zona de conforto. Enquanto formos fracos, não temos responsabilidade em sermos fortes. Não devemos a ninguém brilhar enquanto continuarmos encobertos pelas trevas. Nosso hábito emocional é evitar a luz. Podemos dizer que estamos esperando que a luz brilhe sobre nós, mas ela não pode brilhar *em* nós, pois ela não brilha *de* nós.

Em algum lugar dentro de nós, sabemos de tudo isso. *Nosso maior medo não é o de sermos inadequados. Nosso maior medo é o de sermos mais poderosos que a medida.* Estamos à beira de um grande passo à frente, à luz da nossa verdade, não apenas como indivíduos, mas como espécie. Ainda assim conseguimos nos conter. Em um instante final de "Devo ou não devo?", estamos fingindo a nós mesmos que temos escolha.

Qual é sua alternativa para tomar jeito e ficar sóbrio — morrer de doença? Qual é sua alternativa ao perdão — ficar na amargura e irremovível? Qual é sua alternativa a ver o sagrado na natureza — que destruamos o mundo? Qual é sua alternativa à paz — explodir o mundo?

A sombra até diria sim a todas essas coisas, com um repertório clássico da insídia e da loucura. "Tome mais um drinque; não é nada demais." "Nunca esqueça quanto aquilo doeu." "Sempre haverá pobres." "A Terra vai ficar bem, não se preocupe." E o melhor que há para a época em que vivemos: "O que foi, você pega leve com terrorismo, é?"

Acontece uma magia quando você diz não. "Não, não quero mais ter fraqueza. Não, não quero mais agir como um imbecil. Não, não quero que me conheçam pelos meus defeitos. Não, não quero mais desperdiçar meus talentos. Não, não quero mais ser menor."

E existe magia também quando aprendemos a dizer sim. "Sim, vou escolher a opção de amar e vou fazer esta escolha a cada dia. Sim, eu me dedico à luz e minha opção proativa é servi-la. Em um 'casamento sagrado' com o divino amado, não só me comprometo a possibilidades e perspectivas mais elevadas, mas — igualmente importante — *renuncio a todas as outras*." É óbvio que você *podia* seguir o cinismo. É óbvio que *podia* se amargurar. É óbvio que *podia* entrar na jogada. A questão é que não *opta* por tanto.

Nós nos perguntamos: "Quem sou eu para ser genial, deslumbrante, talentosa e fabulosa?" Na verdade, quem você é para não ser? Você é filha de Deus. Você se menosprezar não serve ao mundo. Não há nada de iluminado em se diminuir para que outros não se sintam inseguros ao seu redor. Nascemos para fazer manifesta a glória de Deus que está dentro de nós. Não apenas em alguns — está em todo mundo. E, quando deixamos nossa luz brilhar, inconscientemente autorizamos os outros a fazer o mesmo. Conforme somos libertados do nosso medo, automaticamente nossa presença liberta os outros.

Chegamos ao ponto em que a humanidade vai partir em uma direção ou outra. Somos obrigados a escolher o caminho do medo ou do amor. Estamos nos dirigindo às trevas ou estamos nos dirigindo à luz. Sabemos o que a trilha do medo ofereceria. Se ideias de ataque chegam a um timbre mais alto — centenas de bombas nucleares deflagradas pelo mundo, digamos —, então a insanidade da sombra finalmente seria mitigada. Pois, então, tudo ficaria escuro.

E a trilha do amor? Como seria um mundo de luz, se nossos olhos físicos conseguissem enxergar tudo?

Tive um sonho que nunca vou esquecer. Entrei numa sala que lembrava um grande restaurante. Conforme cada pessoa chegava, todos se viravam para recepcioná-la com entusiasmo. No meio da sala havia uma fonte gigantesca e cintilante, e, próximas às paredes, as pessoas se sentavam em cabines que pareciam grandes cisnes brancos. As outras cores na sala eram azul, verde e turquesa. As pessoas de cada mesa estavam compenetradas em diálogos alegres. Foi o ambiente mais feliz que já consegui imaginar.

Quando acordei, meu primeiro pensamento foi que aquilo devia ser o Céu. Pensei no sonho daquele jeito até ler em *Um curso em milagres* que a frase "o céu e a terra passarão" significa que eles deixarão de existir como estados à parte. O sentido daquele sonho não foi saber como será a aparência do Céu, mas como será a aparência da Terra. Viveremos no planeta — como viveram nossos irmãos anciãos na evolução — e, ainda assim, tal como eles, pensaremos apenas como no Céu. Viveremos na Terra, mas conheceremos a alegria celeste. Viveremos num mundo hoje saturado de medo, mas a luz dentro de nós brilhará tão forte que as trevas deixarão de existir.

Creio que, no fundo, a maioria de nós acredita que *podemos* nos elevar e nos tornar as pessoas que somos capazes de ser. *Podemos* efetivar nosso potencial divino. *Podemos* afugentar todas as sombras com a adoção entusiasmada da luz. *Podemos* nos tornar uma espécie de tal consciência plena de luz que, na nossa presença, todas as trevas desaparecerão automaticamente.

Podemos. E não é um sonho. Basta qualquer um de nós, a qualquer momento, escolher o amor em vez do medo, e o somarmos a uma grande onda de amor que está se derramando sobre o mundo agora mesmo. Pelo bem do recém-nascido e pela empolgação do novo amor, pela glória da natureza e pelo encanto dos animais, pela piedade de Deus e pelo bem de nossos netos, para honrar o nascer do sol e preservar o pôr do sol, chegou a hora.

# O teste do efeito sombra

"Apenas quando tivermos coragem de encarar as coisas exatamente como são, sem se enganar nem se iludir, que uma luz há de surgir em acontecimentos, e através dela identificar-se-á o caminho do sucesso."

*I Ching*

1. **Há quanto tempo você tem lidado com os mesmos problemas, sejam na sua carreira, na saúde, nos relacionamentos pessoais ou nas finanças?**
   A. Menos de doze meses
   B. De um a três anos
   C. Mais de cinco anos
   D. Mais de dez anos

2. **Nos últimos doze meses, quantas vezes você perdeu algo importante, levou uma multa de trânsito, teve um acidente ou destruiu algo de valor?**
   A. Nenhuma
   B. Uma ou duas vezes
   C. Mais de cinco vezes
   D. Mais de dez vezes

# O TESTE DO EFEITO SOMBRA | 201

3. **Com que frequência você se sente uma farsa, que lhe falta autenticidade ou que as pessoas precisam se esforçar para percebê-lo de certa maneira?**
   A. O tempo todo
   B. Ocasionalmente
   C. Quase nunca
   D. Nunca

4. **Se os seus amigos, colegas de trabalho e familiares fossem entrevistados, eles diriam que você reclama...**
   A. Raramente ou nunca
   B. Uma vez por dia, quem sabe
   C. Frequentemente
   D. O tempo todo

5. **Nos últimos doze meses, quantas vezes você disse alguma coisa ou fez alguma coisa da qual se arrependeu, tenha sido imediatamente ou depois de algum tempo?**
   A. Nenhuma
   B. Uma ou duas vezes
   C. Mais de cinco vezes
   D. Mais de dez vezes

6. **Quando você atinge uma meta — o peso que queria, a quitação dos cartões de crédito, a organização da sua casa ou do escritório etc. —, qual das emoções a seguir vai sentir?**
   A. O alívio de tê-la cumprido, mas temendo recair em comportamentos antigos
   B. Com direito — você merece uma recompensa por ter dado duro!
   C. Inspiração com seu sucesso e compromisso em se manter assim
   D. Ressentimento por ter feito tanta coisa

7. **Com que frequência você se percebe insuficiente, que poderia ser melhor, que não tem amor nem dignidade?**
   A. O tempo todo
   B. Uma vez ou outra
   C. Quase nunca
   D. Nunca

8. **Numa escala de 1 a 10, qual sua disposição para falar a verdade, mesmo que vá contra a opinião dos outros?**
   A. 8-10; tenho plena disposição a dizer minha verdade
   B. 5-7; na maior parte do tempo me disponho a dizer minha verdade
   C. 3-4; uma vez ou outra me disponho a dizer minha verdade
   D. 1-2; eu quase nunca me disponho a dizer minha verdade

9. **Qual é o foco de sua vida nesse exato momento?**
   A. Fazer sua carreira avançar, melhorar sua saúde, ter prosperidade ou aprimorar seus relacionamentos
   B. Gerenciar relacionamentos tensos ou "apagar incêndios" em casa ou no trabalho
   C. Ter progresso mensurável em suas metas em um período razoável de tempo
   D. Tentar impedir ou evitar o desastre imediato nas suas finanças, nos seus relacionamentos, na sua saúde ou na sua carreira

10. **Qual a porcentagem de tempo em que você pode contar consigo mesmo para manter a palavra e cumprir promessas — seja consigo ou com outros?**
    A. Menos de 10%
    B. Menos de 25%
    C. Cerca de 50%
    D. Na maior parte do tempo

11. **Quanto tempo você gasta por dia com fofocas — seja falando de alguém que conhece, lendo tabloides ou assistindo a programas de fofoca na TV?**
   A. Nenhum
   B. Menos de uma hora por dia
   C. Mais de uma hora por dia
   D. Mais de três horas por dia

12. **Qual das afirmações abaixo você usaria para descrever sua vida?**
   A. Na maior parte do tempo, as coisas dão certo para mim
   B. Tenho muitos talentos e dons, mas não uso todo meu potencial
   C. O azar me persegue e situações péssimas se sucedem umas às outras
   D. Tenho que dar duro só pra manter o *status quo*

13. **Quanto tempo você passa por dia investindo em suas metas de longo prazo?**
   A. Nenhum
   B. Menos de vinte minutos por dia
   C. Uma hora por dia ou mais
   D. Você não tem metas de longo prazo

14. **Com que frequência sente que sofre abusos, que é mal compreendido ou que se aproveitam de você — seja em sua vida pessoal ou na profissional?**
   A. Todos os dias
   B. Com frequência
   C. Uma vez ou outra
   D. Raramente ou nunca

## 204 | O EFEITO SOMBRA

15. **Quando você recebe um convite para fazer algo em que não tem o menor interesse, o mais provável é que você...**
   A. Recuse com a consciência tranquila
   B. Recuse, mas sentindo culpa
   C. Aceite, mas não cumpra
   D. Aceite, mas se arrependa de ter aceitado

16. **Imagine que sua vida é uma casa com muitos quartos — alguns que você gosta, outros dos quais tem vergonha. Quantas pessoas você deixa ver *todos* seus quartos?**
   A. Ninguém
   B. Uma pessoa que lhe é importante — um cônjuge, parceiro(a), melhor amigo(a), pais etc.
   C. Há meia dúzia de pessoas que me conhecem nesse nível
   D. Há várias pessoas na minha vida que me conhecem nesse nível

17. **Quando você se sente com mágoa por algo ou alguém, o que costuma fazer?**
   A. Guardar para si
   B. Refletir, perdoar e tocar a vida
   C. Encarar a situação de frente
   D. Falar disso para todo mundo, menos com a pessoa em questão

18. **Quando você tem um ímpeto ou uma ideia a respeito de como aprimorar um aspecto de sua vida, o que você faz?**
   A. Ignora totalmente
   B. Dá alguns passos na direção certa, mas raramente toca o projeto até o final
   C. Diz para si mesmo que "Um dia desses eu resolvo"
   D. Cria uma estrutura de apoio em torno de si mesmo para garantir que vai tomar alguma atitude

19. **Da última vez que você se viu com bastante tempo livre, o que fez?**
   A. Esbanjou nas compras de catálogo, assistiu à TV ou navegou na internet
   B. Aproveitou a oportunidade para avançar em um projeto importante
   C. Descansou e rejuvenesceu com um cochilo, uma meditação ou uma leitura
   D. Sua vida é tão acelerada que não consegue se lembrar de uma ocasião em que teve tempo livre

20. **Quando você comete um erro, é mais provável que faça o quê?**
   A. Tenha carinho consigo mesmo e decida fazer as coisas de outro jeito quando futuramente houver outra ocasião
   B. Coloque as coisas em perspectiva reconhecendo-se naquilo que fez certo
   C. Entre numa espiral de autorrecriminação
   D. Interprete seu passo em falso como prova de que é incompetente e não investe mais nisso

## CALCULANDO SEUS PONTOS

Circule abaixo qual resposta você escolheu em cada questão.

**Questão 1**
A = 1, B = 3, C = 5, D = 8

**Questão 2**
A = 1, B = 3, C = 5, D = 8

**Questão 3**
A = 5, B = 3, C = 1, D = 0

**Questão 4**
A = 0, B = 1, C = 3, D = 5

**Questão 5**
A = 0, B = 1, C = 3, D = 5

**Questão 6**
A = 0, B = 5, C = 0, D = 3

**Questão 7**
A = 5, B = 3, C = 1, D = 0

**Questão 8**
A = 0, B = 1, C = 3, D = 5

**Questão 9**
A = 0, B = 3, C = 0, D = 5

**Questão 10**
A = 8, B = 5, C = 3, D = 1

**Questão 11**
A = 0, B = 3, C = 5, D = 8

**Questão 12**
A = 0, B = 3, C = 5, D = 3

**Questão 13**
A = 5, B = 3, C = 0, D = 5

**Questão 14**
A = 5, B = 3, C = 1, D = 0

**Questão 15**
A = 0, B = 3, C = 3, D = 5

**Questão 16**
A = 5, B = 3, C = 1, D = 0

**Questão 17**
A = 5, B = 0, C = 1, D = 5

**Questão 18**
A = 5, B = 3, C = 3, D = 0

**Questão 19**
A = 5, B = 0, C = 0, D = 3

**Questão 20**
A = 0, B = 0, C = 5, D = 5

Pontuação total = _____ (calcule somando as respostas que circulou)

Depois vire a página para ver como *o efeito sombra* tem afetado sua vida.

## A AVALIAÇÃO DO EFEITO SOMBRA

*Se você marcou 3 a 37 pontos*: Você está na zona neutra, o que significa que está livre (por enquanto) de muitas crenças e chagas que dão vazão a atitudes destrutivas provocadas por sua sombra. Sua autoestima é elevada, suas ações são bem alinhadas com seus valores e há probabilidade de que terá grandes avanços em suas metas de longo prazo. Continue se amando e se ouvindo.

*Se você marcou 38 a 75 pontos*: Talvez você não esteja sentindo todo peso e impacto da sombra no momento presente, mas é provável que esteja desperdiçando muita energia para reprimir e esconder porções de si e de sua vida de que não gosta. Aproveitaria melhor a energia que gasta para não deixar que as coisas saiam do controle — seja no trabalho, em casa ou com sua saúde e bem-estar — se a direcionasse para suas metas e vontades.

*Se você marcou 76 a 112 pontos*: Ou você desperdiça muito tempo e energia tentando gerenciar o que os outros acham de você ou tem profunda resignação quanto às suas condições de vida. É a sombra em ação, que o impede de tomar atitudes corretivas. Se não controlá-la, o caos interno que sente pode conduzi-lo a um curso intensivo de desastres. A boa notícia, no entanto, é que cada ato de autossabotagem apresenta uma oportunidade de se despertar para o que realmente importa. Abra seu coração, explore a sombra e você vai começar a ver como sua dor mais profunda, quando digerida e entendida, é feita para direcioná-lo a seu grande destino.

———

Trabalhar com a sombra é trabalho para quem batalha. Se quer mais amor, mais paz, mais satisfação e mais sucesso, visite-nos em www.theshadoweffect.com.

Este livro foi impresso pela Lisgráfica,
em 2022, para a HarperCollins Brasil.
O papel do miolo é pólen soft 80g/m²,
e o da capa é cartão 250g/m².